JN222549

これからの住まいと建築

これからの住まいと建築（'25）

©2025　堀部安嗣

装丁デザイン：牧野剛士
本文デザイン：畑中　猛

s-85

まえがき

　住むの語源は"澄む"であると言われています。職場や外出先では予期せぬ出来事が起こり，様々な人と接触しなければならず，必ずしも快適とはいえない環境に居続けることもあります。家の外にいると心身が疲労して淀んでゆく中，もう一度自分をリセットして澄んだ心身をとり戻すことができる場所こそが住まいであるという認識をもつことから話をはじめてゆきましょう。

　人生，暮らしをよりよいものに，環境をよりよいものに，心身を健やかにするためにはどのような住まいがよいのでしょう。そしてどのようにすればつくることができるのでしょう。

　本書を読んでいる方はおそらく建築や住宅を専門としていない方が多数であると思います。専門的過ぎる言葉や専門家しかわからない内容は避けて，なるべく平易でありかつ深く本質に辿り着くような文章で書くことを心がけたいと思います。同時に建築や住まいを専門とする人にも新鮮で充実感のある内容にしたいと思います。つまり住宅や建築の世界の間口を広くし，そして奥行のある教材を目指します。

　建築や住まいは専門家のみならず誰もが現実的に関係があり続け，総合的で複合的な面白い世界です。ぜひ本書を専門家のみならず多くの人に住まいと建築について広く深く考える，きっかけにしてほしいと願っています。

　私は30年以上，建築設計の仕事を続けてきました。公共建築，宿泊施設，寺院建築など様々な用途の建築を設計しましたが，いつも仕事の中心に据えているのは住宅です。

　今まで100件以上の住宅を設計してきました。住宅の設計を大切にしているのは，住宅が建築の基本と考えるからです。基本とは初心者のた

めだけではなく熟練者のためでもあり，基本がいつの間にかおざなりになっていると応用も効かなくなってしまいます。つまり基本である住宅の設計がしっかりできていればどんな用途の設計も案外スムーズにできるのです。

また住宅設計は誤魔化しがききません。どんなたいそうなコンセプトやアイディアを掲げても，そこで暮らす人の現実と心身に良い影響が生まれなければなりません。

住宅はお金を出す人と，そこで生活して維持管理する人が一緒なのでその苦情は直接的です。もちろん表層的で軽薄なデザインをしていれば，住まい手に虚飾や嘘がすぐばれてしまいます。ゆえに机上の空論や理想論ではなく，現実から捉える地に足のついた考えこそが住宅の設計には大切だと考えるようになりました。

本書の前半では誰にでも関わりがあり，興味の対象となる住まいの基本的な問題を考えます。住まいと健康，木材，省エネルギーの関係を紐解きながらこれから求められる住環境を分析します。

さて建築家の設計した住宅というとどういうイメージを抱きますか？

おそらく斬新で格好いいけれども住みにくく使いにくい家，と連想してしまうのではないでしょうか。確かに戦後の日本の建築家は経済的な成長や様々な建築技術の革新を味方につけて，今まで見たこともないような造形や思想を表現してきた傾向が強かったように思います。

何気ない庶民の暮らしや現実を支えるものではなく，等身大の人の生活から遊離した考えや造形に評価が与えられてきました。生身の心身を軽視した住宅が建築家の手によってつくられました。その結果，建築家と市井に人々の間に大きな感覚の隔たりが生まれてしまったのです。つまり建築家の考えることは新奇すぎて庶民の感覚からは理解し難く馴染めないものになっていった側面があります。

私はこの状況を残念に思っており，もう一度建築家の考えていること

を，市井の人々の感覚と現実の暮らしのレベルで共振させることが重要だと考えており，そのためにも本書がお互いの考え方の溝を埋める役割を果たしてくれることを願っています。何も建築家は特殊なことや斬新なことだけを考えている人たちだけではないことを伝えたいのです。

環境問題や高齢化社会やエネルギー問題といった一人の力では解決できない人類共通の大きな課題に直面している時代であることは周知の通りです。個人の特殊な技量や思想によって建築がつくられる時代から，共通の問題に対して力を合わせてその解決に取り組む時代になりました。

さて，本書のタイトルにもある"これから"の住まいと建築を考えるうえで大切なのは"これまで"を知ることです。特に近代という時代がなんであったか，なんであるのかを見つめなければ"これから"を考えることは不可能です。

本書の中盤では著名な近代建築家の考えや作品を紹介します。彼ら偉大な建築家は，近代という異常な時代に向き合い，近代の可能性を探りながら同時に近代に警鐘を鳴らしてきたことが共通しています。また，その造形は斬新で新奇に見えるかもしれませんが，これらの建築家が設計した住宅は生身の人間のことをしっかりと見つめているので，年月が経過してもしっかりと建主に愛着をもって住み続けられており，時代を超えて新たな継承者が問題なく快適に住んでいる姿や活用している姿を見ることができます。建築の基本である住宅を，手を抜かず生涯をかけて設計し続ける点も共通しています。現代においてますますこれらの建築家の見つめていたことが重要視されてくるでしょう。そしてこれからの"近代を見つめ直す時代"の建築にも大きなヒントを与えてくれるのです。

ところで現代にも優れた建築，建築家はもちろん存在します。日本に

は世界が賞賛する著名な建築家が存在します。しかし近代の黎明期を支えた建築家と違って，現代建築家は近代以降の時代や技術や環境を当たり前に捉えてしまっており，近代という時代の異常さを見つめることなく建築を作ってしまっている傾向があるように思います。近代という異常で脆い地盤を疑うことなく，時代を過信して明るく過激な建物を建てていると言えばよいでしょうか。

　本書は住まいの基本を捉え，近代を考え，そして優れた近代建築家から多くのことを学びます。そして本書の最後は私の実践をご紹介します。私なりに近代を継承し，そして乗り越えようとした軌跡といってよいかもしれません。近代の問題に向き合うことは一筋縄ではいかない，答えの見えないことの連続です。複雑で矛盾したところも多々あると思いますし，私の考えや手法が正解で優れているわけでもありません。一人の建築家の試行錯誤の過程として捉えていただきたいと思います。

　そもそも建築に正解などありません。
　また本書はこれからの住まいや建築を予想することを目的としていません。
　しかしより良い環境をつくることを目指す気持ちと技術を鍛えることを諦めてしまっては現代が抱える大きな問題を無責任に放置することになります。そしてこれからの住まいや建築は貧しく魅力のないものになってしまうでしょう。
　誰もが住まいと建築に興味をもち，身近なところから大きな問題に誠実に向き合う姿勢が求められているのです。

2025年1月
堀部安嗣

目 次

1 | 住まいの基本を考える

堀部安嗣

《**目標＆ポイント**》　衣食住の中で，特に住への理解と認識が非常に遅れています。幸せや健やかさを実現するためにも，住まいの基本を考えることが必要です。同時に私たちホモ・サピエンスという動物の特徴を知り，その動物が快適と感じる居場所を見つめます。
《**キーワード**》　心身と住環境　幸せと住環境　ヒュッゲ　あるものを活かす　ないものをねだる　ホモ・サピエンス　虚構

1．基本のイメージ

　これからの住まいを考えるにあたってまず住まいの基本を捉えます。

　さて"住まいの基本"と聞いてどんなイメージや言葉が浮かんでくるでしょう？

　雨露をしのぐ，と言う言葉はすぐに出るかもしれません。しかし現代は色々な生活のスタイルがあり，様々な家族構成や地域性があるゆえに一つの明快な姿かたちのイメージに収斂しないのではないでしょうか。また時代と共にそのあり方は大きく変化していることもイメージが定まらないことの要因ではないかと思います。瓦屋根の日本家屋の姿が基本型なのか，大きな窓がある庇のない白い箱型の家が基本型なのかがわからないように。

　では"食の基本"と聞けばどのようなことが思い浮かぶでしょう。ど

んな時代でも，どんな国においても栄養バランスやコストパフォーマンスに優れ，毎日食べても身体に負担がかからない家庭料理のような食の基本イメージが容易に思い浮かんでくるのではないでしょうか。できれば地産地消であることが好ましいことも認識しています。

"衣の基本"であれば暖かく，やわらかく，着心地が良く，長持ちする服を基本の形としてイメージできると思います。あるいは時と場所と状況に相応（ふさわ）しい食事や服を選んでゆく行為自体を基本のありようとしてイメージすることもできるように思います。

リラックスしたい時，礼儀を要する時，お祝いの時，寒い時，暑い時，運動をする時，病気の時，歳をとった時など，それぞれに相応しい食事や服を私たちは的確に選択をしています。言い換えるならばそれを的確に選択できなければ生活や心身に支障をきたしてしまうことを潜在的に理解しているからなのではないかと思います。

このように食や衣において，人が基本のイメージを抱くことが容易なのは，食は身体の中に取り込み，衣は直接身体に触れるため，心身の健康に密接に関係していることを人は経験的に知っていることが要因ではないかと思います。またその判断や選択を日常的に何度も繰り返しており，その選択の結果がすぐに心身に表れることも重要な点かもしれません。

ゆえに伝統，風習，良識といった先人の経験知など，安定感と信頼感のあるものを拠り所にすることが自然に身についています。

一方"住"のイメージを抱くことの難しさは，普段から目の当たりにしていている家や町の景観などを"あたりまえ"として認識してしまっているからではないでしょうか。つまり一度住んでしまえば，日常的に住に関わる選択や判断を日常的に行なわなくなるところが食や衣と決定

的に異なるのです。つまり住に関する機転の効く判断能力が不足してゆく傾向にあるのです。

さて，時と場所と状況に相応しくない服を着ていると人から“変”だと言われてしまいます。意思があってあえて人と違う格好をしたい場合をのぞいて，変だと言われることは本人にとっても見る人にとっても快適な状況ではありません。例えば，“今日は寒くなるのでもっと暖かい服を着たら？”または“その格好だとあの場所には不釣り合いではないか？”あるいは“その服はあなたには似合わないからこちらの服にしたら？”など直接言われたり自問自答したりして，“変”な状態を回避してゆきます。変なままでは心身に支障をきたし，そして恥ずかしい思いをするからです。服はこのように容易に着替えることができますが建築は簡単に着替えることはできません。変な姿でその場所に何年もずっと立ち続けなくてはならないのです。

2. 心身と住まい

今から30年ほど前，こんな印象的で貴重な経験をしました。鉄筋コンクリート造のマンションの一室を私が改装した時の話です。マンションの内装はほぼビニルクロスで覆われ，床はいわば偽物の木で作られているのですが，私はそれらを剝がして壁天井には漆喰を塗り，床には厚い無垢の板を敷きました。当時はまだそれらを“視覚的”な美しさのために使ったのでした。そこの建主兼住人は，いけばなの先生だったのですが住んでちょうど1年が経過した頃，“生花の寿命が以前に比べて2倍以上延びました。”と嬉しそうに話されたのです。漆喰や本物の木には調湿作用があります。室内に水蒸気が多い時は吸って，乾燥してくると吐くことを繰り返していることが，生花の寿命が延びた大きな要因と知りました。花と同じ生き物である私たち人間の環境としても以前より格

段に良くなっていることは明らかではないでしょうか。また床に厚く柔らかい杉の無垢材を敷いた家に住んだ方から，今まで悩まされていた腰痛がすっかり治り，それによって猫背も治りましたとの報告や，住まいの断熱性能を上げて暖かい家を作ると基礎体温が上がり，また心身が劇的に楽になりましたなど，住まいはこんなにも人の心身に大きな影響を与えるものであることを経験してゆきます。それまで"視覚"を重視していた設計が徐々に変わり，設計とは視覚以外の聴覚，触覚，嗅覚などにも深く関わりながら人の健やかさを導くものでなくてはならないという考えに変化してゆきました。

　こんな食べ物を食べ続けていたら健康を害し，反対にこのような食生活を続けていれば健やかにいられるという知識や認識は一般的であるのと同じように，住環境にも全く同じことが言えることが経験的にわかってきました。住まいにおける健やかさ。このことを"住まいの基本"として認識するようになったのです。

　このような住まいの基本を見つめることは，心身や環境に負担がかからず，長年の風雪に耐えてもなお生き残ってきたものの価値を見出し，評価することにつながります。また住まいは住む人の人生に決定的な影響を与えるものなので，嘘や誤魔化しがあってはいけないことも明白です。過去から未来につながる時間の中で，現実をしっかりと見つめ，丁寧に微調整を加え，修正し続けることの大切さも見えてきます。

　同時に"人の心身の健やかさ"を見つめることは多面的に，複合的に様々なことに対して考察を深めなければなりません。

　考えてみれば，建築とは本当に多くの分野の複合です。芸術，哲学，自然科学，社会，経済，歴史，政治など言い換えれば建築に関係しないものはないのです。つまり"住"を学ぶことは様々な分野を同時に学ぶ

ことにつながります。

3. 幸せとは

　私は宗教家でも哲学者でもありませんので，幸せについての言及はなかなか難しいところがあるのですが，しかしやはり住まいの基本を考える上で常に忘れてはならないことは，住まいのあり方が幸せにつながるのかどうかを常に問う視点です。

　第5章で近代について言及しますが，近代はある側面では人を幸せにしました。劇的に衣食住が向上したことが大きな要因です。飢え死にする人，凍死する人などが激減したことは本当に素晴らしいことです。しかし畜舎の豚や牛が，はたして幸せなのか，あるいは飢え死にすることなく，暖かく，何の不自由もない便利な家に住んでいることが，本当に恒久的な幸せにつながるかどうかという視点も持たなければなりません。

　つまり近代というドラッグによって一時的な快楽を手に入れただけという見方もできるのです。これは"近代の罠"と言えるのかもしれません。

　幸せのあり方は一般化できませんし数値化することはできません。しかしそれでは話を展開しにくいので，近年馴染みのある世界幸福度報告のランキングを話題にしたいと思います。この指標はさまざまな分野の専門家が所得，健康，保障，平等，格差，自由，寛容さ，政治への信頼度などの複合的な視点から各国の幸せ度を順位付けするものです。

　幸福の考え方は主観的で社会や文化よって多様なため，数値化や順位付けには一定の限界があるのは言うまでもありませんが，しかし毎年上位にランキングされる国に実際に行ってみると，その幸せ指数と生活の

実態はある程度一致していると実感します。

　常にトップにランキングされるのはフィンランドやデンマークといった北欧諸国です。訪れるとその生活水準の高さと幸せそうな暮らしぶりを感じることができます。特に住環境の水準の高さは特筆するものがあり，単なる性能的な快適さやインフラの充実のみならず，情感に訴えかけるインテリアセンスやデザイン力も非常に高いレベルにあるように感じます。つまり“性能”と“情緒”がバランスよく共存しているのです。

　しかもある一定の裕福な暮らしの家庭だけでなく，一般的な庶民の家庭においてもその水準が高いことにも驚きます。そもそも他の先進国よりも貧富の差が小さいということが土台にあることは言うまでもありません。

順位	国名	スコア
1位	フィンランド	7.741
2位	デンマーク	7.583
3位	アイスランド	7.525
4位	スウェーデン	7.344
5位	イスラエル	7.341
6位	ニュージーランド	7.319
7位	ノルウェー	7.302
8位	ルクセンブルク	7.122
9位	スイス	7.060
10位	オーストラリア	7.057
⋮	⋮	⋮
51位	日本	6.060
⋮	⋮	⋮
141位	レソト	3.186
142位	レバノン	2.707
143位	アフガニスタン	1.721

出典：World Happiness Report 2024, Figure 2.1 Ranking by Life Evaluations in 2021－2023 を基に作成

図表 1-1

このように北欧諸国における幸せは住の質の高さが幸福を支えており，言い換えるならば"住まいの基本"ができているがゆえの幸せなのだと思います。

もちろん，どんな国にもどんな時代にも問題を抱えていない完全な状態など存在しません。何かがうまくいっていれば，その裏で何かがうまくいっていないのです。先に挙げた北欧諸国も当然様々な問題も抱えており，幸せそうな国だからといって，うまくいっている部分だけを注目し，憧れることは危険なことです。

見習うべきところは，日々が少しでも良いものであるように考え，実行するといった日常の継続した心がけではないでしょうか。

日々継続的に政治や文化や自然に興味を持ち，その理解度を深める姿勢こそが大切なのではないかと思います。

4. ヒュッゲ

デンマークにはヒュッゲ「hygge」という言葉があります。これは日々の生活の心持ちのようなものを表す言葉で，デンマークを訪れると至るところでこのマインドを感じることができます。

- 大切な人と時間を過ごす
- 今あるものに感謝する
- 自然を身近に感じる
- 無理をしない。見栄を張らない
- 暮らしや生活空間を豊かにする
- 仕事だけに縛られない
- デジタルデトックスを心がける

　デンマークの友人に，ヒュッゲとはこういうことですか？と尋ねたら，まさにこういうことです，と教えてくれました。さて，デンマークなどの北欧諸国は紛れもない近代国家であり，近代の思想や技術によって支えられていますが，このヒュッゲの心がけから連想する生活の様子はいわゆる"近代的"な感じがしません。

　近代以前からあった生活の心がけを大切にしているようにも感じます。つまりデンマークの人々はこのような近代に支えられながらも，近代に囚_{とら}われない生活をしているからこそ幸せであるという言い方ができるのではないでしょうか。デンマークをはじめ北欧諸国は近代の罠にはまることなく，近代の思想と技術によって近代を超克したように感じられるところがあるように思います。

　さて日本は先進国の中では幸せランキングはあまり高くありません。日本も民主国家であり，近代国家でありますが北欧諸国との違いは，日本が近代の罠_{わな}にはまってしまったことではないかと考えています。あるいは罠にはまったことに気付いていないと言ってもいいかもしれません。

　戦後，この数十年の日本の生活を振り返ってその様子を見つめてみます。ヒュッゲのような心がけの，まさに真逆を進んできてしまったように思うのは私だけではないでしょう。

- 大切な人と時間を過ごさない
- 今あるものに感謝しない
- 自然を身近に感じない
- 無理をする。見栄を張る
- 暮らしや生活空間が貧しい
- 仕事に縛られる
- デジタル情報を貪る

このような状況は住の貧しさを象徴的に表しています。

住が貧しいからこそ先進国で近代国家であるにもかかわらず，あまり幸せを感じることができない状況に陥ってしまったのではないでしょうか。

特に今あるものに感謝しない，ということはあるものを活かすことをせずに"ないものねだり"をしたり，使い捨てを重ねているということです。もともと森林資源や水資源が豊富で，豊かな美しい自然や景観があるにもかかわらず，自然を身近に感じない暮らしが常態化してしまったというのも，あるものを活かしていない非常に勿体ないことではないでしょうか。

近代以降の日本は"ないものをねだる"ことが常態化してしまったのです。

5. サピエンスの歴史

住まいの基本を考える上で私たちホモ・サピエンスという動物の特性や習性を考えることは不可欠です。もっと太古の記憶，言い換えれば動物としての変えようもない性質や特徴を見つめることは住まいを作る上では現代においても非常に大切なことだと考えます。

現存する唯一のヒト属，私たちホモ・サピエンスは今からおよそ20万年前から地球上で活動しはじめました。その生息地を改めて確認し，動物として本能的に心地よさを感じる場所を見つめたいと思います。

居心地の良い場所というとネコの居場所を思い浮かべることがあるのは私だけではないでしょう。暖かい縁側，静かな暗がり，安全な高い所など，なるほど自身の心身の状況や季節や天候に合わせて実に的確に居心地の良いところを見つけて気持ちよさそうにしています。そんな光景

からネコは居心地の良い場所を見つける天才などと評価をすることがありますが，別にネコだけが上手なわけでも，ましてや居心地の良い場所を見つける天才であるわけではありません。スズメだって，カエルだって，イルカだって，それぞれネコと同じように自分の居心地を的確に知って，居場所をしっかり選んでよろしく暮らしているのです。ではなぜ私たちはネコに注目してしまうかと言えば，それは単純に私たちサピエンスとネコが"居心地が良い"と感じる場所が共通しているからに過ぎません。

　私たちホモ・サピエンスはアフリカで誕生し，家畜化される前のネコ属の祖先は中東の砂漠やアフリカなどの熱帯地域に生まれたと言われています。つまり二者とも本来の動物としての生息地が似ており，ゆえに町や家の同じ環境で共生できお互いが快適と感じる場所に共感できるのです。

　もともと，暖かい地域が故郷なので，サピエンスもネコも暑さにめっぽう強く寒さに非常に弱い。じめっとしたところも苦手で，日当たりがよく，水捌けがよく，風通しの良いところを好みます。そんな体質は私たちにとって宿命的なものです。身体中に毛がない特異な姿をみても一目瞭然です。30℃近い気温の中，マラソンができる動物は私たちぐらいと言われています。一方どんなに身体を鍛えたって，精神を磨いたって"寒がり"を克服することはできません。あるいは，じめっとした所を生息地とする動物とは居場所を共有することはできないのです。

　その後サピエンスはアフリカから北上してゆきます。好奇心旺盛な青年が故郷から離れ，まだ見ぬ地を目指してゆく姿と重なります。体毛がなく寒さに弱いサピエンスが寒いところでも暮らせるようになったのは，火を起こすことができ，そして住まいと衣服を作れるようになって

身体的な弱点を補うことができたからです。建築の創生と原初的な役割はここにあるのです。

　このように火と建築と衣服の力で寒いところでも暮らせるようになりましたが，北上したサピエンスは相変わらず暖かい故郷を恋しがっています。バカンスでは必ず暖かいところに行き，暖かい土地や，暖かいところで採れる作物や，凍らない港が羨ましくて仕方がないのです。歴史的に暖かい地域を侵略したり，植民地にすることが多いのも頷けます。また人生の最期は暖かいところで暮らそう，と考えている人が世界中に沢山います。

　もうひとつ，私たちがネコを居心地の良いところを見つけることが上手であると評価してしまう理由があります。それは単純にサピエンスが居心地の良いところを見つけることが下手くそになってしまったからではないでしょうか。つまりいつの間にか，居心地の良い場所を見つける能力がネコに後れをとってしまったということです。本来，サピエンスが住むに適さない場所や，住んではいけない場所でも技術力でねじ伏せてあたかも住めるようにしてしまった。その違和感に気づきはじめます。そして本能的，直感的に季節や天候や環境を瞬時に読み取る力を退化させてしまったように思います。

　イスラエルの歴史学者のユヴァル・ノア・ハラリは著書『サピエンス全史』の中で，イヌであればシェパード，チワワ，ブルドックなど数種いるけれども，ヒトは私たちホモ・サピエンスしか生き残っていない理由として，サピエンスだけが虚構（フィクション）を生み出すことができたからだと述べています。サピエンスが生み出した虚構の代表的なものは，お金，宗教，国家などでしょう。例えばサルに一万円札を見せて

も"美味しくなさそう"とそっぽ向かれるでしょう。チンパンジーに神を信じれば救われますといっても会話は成立しません。カラスは北朝鮮と韓国の国境を意識せず横切っています。

つまりこのような実体のない虚構を生み出し，単体では他の動物よりも非力であるにもかかわらず共同幻想を見ることで多くの単位の人を結束させ集団で強くなり，地球上の動物の頂点に君臨し，世界を席巻したという仮説です。この虚構による結束はもちろん良い面も多々ありますが，実体から遠ざかり本来の動物としての心身の素直な希求を狂わす側面も持っている点には注意が必要です。

修道院や教会，あるいは寺院などは冬，サピエンスに過酷な環境をあえて強います。

以前訪れた南仏にあるル・トロネ修道院は建築的，視覚的には痺れるぐらい美しいのですが，住まいとしては非常に過酷な環境です。よってここで暮らす修道士は皆きわめて短命であったと言われています。このように心身が本来求める環境とは全く異なる寒さを耐え，そこに美を感じることができるのも虚構の力でしょう。

さてヒト属の一種であったネアンデルタール人は，実はサピエンスと共生していた時代があったといわれています。最近の研究では容姿はサピエンスと見分けがつかないほど酷似していたとも言われています。

しかしネアンデルタール人は虚構を生み出すことができなかったという点において決定的にサピエンスと異なります。もし現代においてもネアンデルタール人が普通に暮らしていたら，どんな住まいを作っていたでしょうか。サピエンスの住まいを参考にしながらも虚構のない，実体的で美しい住まいをつくり，ネコと同じように実に居心地の良い場所で気持ちよさそうに暮らしているかもしれません。そしてサピエンスがそ

の姿を羨ましく思っている光景を容易に思い浮かべることができます。

　虚構がもたらしたもの，虚構によって失われたもの。
　はたして数百年後，数千年後のサピエンスにはどんな記憶が刻まれているのでしょうか。実体的で美しい記憶が刻まれていることを望むならば今私たちができること，してはいけないことはどんなことかを考えなければなりません。サピエンスの宿命と性質を捉えながら未来の私たちの記憶を見つめてゆきたいと思います。

参考文献

ユヴァル・ノア・ハラリ著，柴田裕之訳『サピエンス全史 上・下』河出書房新社
　2016年
シグナ・ヨハンセン『北欧が教えてくれた，「ヒュッゲ」な暮らしの秘密』日本文
　芸社　2017年
堀部安嗣『住まいの基本を考える』新潮社　2019年

2 | 住まいと健康

堀部安嗣

《**目標＆ポイント**》 戦後，私たちの住まいは断熱性能が低く，寒い家を大量に生産してきました。そんな寒い家がもたらす様々な健康上の問題が露呈してきました。暖かい（断熱性能が高い）家がもたらす心身への影響を知り，超高齢化社会の中で建築が果たさなくてはならない大きな役割を認識します。

《**キーワード**》 住宅の性能　持ち家政策　空き家問題　住まいと健康に関するガイドライン　高齢化社会　断熱気密　ヒートショック　血圧　コレステロール　糖尿病

1. 住まいの性能

　食生活が人の健康に大きな影響を与えることはよく知られています。

　第1章で述べたように，こういった食事をしていたら健康を害し，反対にこういった食事をしていたら健やかに人生を送ることができるということはおそらく誰もが実感をもって認識しているでしょう。また衣服に関しても無意識のうちに天候や体調を読み取って風邪をひかないように，快適で楽であるように微調整を加えながら日常的に工夫を重ねてゆく姿はあたりまえのように思います。このように衣食と心身との関係を日常的に調整しなければ，健やかに人生を楽しむことができないのは明白です。

　しかし住に関しては衣や食よりもその認識が非常に乏しかった時代が続いてしまいました。一言で言うと戦後の日本の住まいは先進国として

は，きわめて性能が低く，科学的な実証や検証のないまま放置されてきてしまったのです。その結果，住まいと健康の関係の理解が深まっていないのです。

2．性能の低い日本の家

他の先進国に比べて日本の住宅の性能や質が向上しなかったのには様々な理由があります。

一つは戦後の急激な人口増加に対応するために，質より量を重視した住宅の建設が急進的に行われたことです。戦後の持ち家政策も今となっては大きな傷跡を残しており，山を切り開いて自然を破壊して住宅地にし，また人が住むには相応しくない場所にも多くの住宅や団地が建てられてゆきました。

災害に弱い建物は，建物そのものの強度や性能の問題だけではなく，住むのに相応しい場所に建っていないということも大きく関係しています。

建物単体がどんなに耐震性能が高くても，建っている場所の地盤が弱かったり，危険な場所に建っていては元も子もありません。

同時に持ち家政策により，借家は持ち家より程度が低いと認識され，良質で性能の高い賃貸住宅がつくられませんでした。また一戸建てもアパートや市営住宅のような賃貸住宅も両方とも質や性能が低く，そのような住宅はわずか30年ももたずに，取り壊されたり空き家で放置されるという状態になっています。

また性能が低い住宅が大量に生産されてしまったのは，国が明確な質の高い住宅の指針や基準を示さなかったことも大きな理由です。特に世界的に脱炭素化や省エネの動きが活発化している中で，断熱性能の向上に対する法の整備が滞り，世界基準からはほど遠い性能の住宅の建設を

容認し続けたことは大きな問題でした。

　ちなみに耐震基準は1978年に起きた宮城県沖地震の教訓から1981年に新耐震基準が施行され，のちに2000年には阪神・淡路大震災後に耐震基準が新しく見直されています。断熱基準は地震のような決定的な契機がなかったこともあって遅れているとも言えますが，この遅れによってエネルギー問題やヒートショックなど健康に対して大きな問題を引き起こしているのが現実です。

　行き当たりばったりで後先を考えない政策と風潮の中で，安かろう悪かろうの住宅が大量に造られ，そして熾烈な価格競争に疲弊し，木材は大量に安定供給できる輸入に頼るようになり，林業や伝統的な大工技術も衰退してしまった側面も見つめなければなりません。

　住み心地や住まい手の健康，あるいは自国の伝統産業や伝統技術を蔑<ruby>ろ<rt>ないがし</rt></ruby>にした結果が現在の空き家問題にもつながっていることも認識するべきでしょう。

　また性能の悪い住宅が生み出されたことには，多少寒いぐらいの方が身体は丈夫になるとか，冬もしばらく辛抱すればまた春が来るとか，暖房や冷房を入れることは<ruby>勿体<rt>もったい</rt></ruby>ないことだとか，あるいは自然と一体化した生活こそが日本の暮らしであるとか，子どもは風の子だとか，そのような科学的根拠のない独特の精神論のようなものが根強くあったことも影響しています。もちろん，このような心がけは全て悪いわけではありませんが，これは運動する時には水分を摂らない方がいいと言っていることと同じようなことであり，科学的な根拠をしっかりと踏まえた上での精神論でなくてはならないと思います。

　ではこのような質より量を重視してつくられた空き家を含む大量の住宅をどうすればよいのでしょうか。一つは今の技術で耐震，断熱改修を施して性能の向上をはかり，次世代に住み継ぐことのできる質を確保し

てゆくことが何より大切だと思います。

　人口も激減することが予想される中，今までのように新築にこだわっ
て建設する必要はなくなりました。特に今までのように大きく自然を破
壊したり，人が住むには適さないところに家を建てることは慎まなけれ
ばならないことは明白です。

3．住まいの断熱と健康

　食はカロリーや糖質やコレステロールなど科学的に数値化することが
容易ですが，住に関してはなかなか数値化することはできません。しか
し近年は様々なアプローチで住環境を科学的な根拠によって示すことが
可能になってきました。

　WHO（世界保健機関）は早くから住まいと健康の関連に着目し，2018
年に『住まいと健康に関するガイドライン』（housing and health guide-
lines）を全世界に向けて発表しました。ここでは住環境に潜む健康リス
ク要因を明確に指摘しており，冬季の室温は18℃以上を強く勧告してい
ます。

　つまり暖かい家に住みなさい，そうすれば呼吸器系や神経系疾患や死
亡のリスクが抑えられるということを言っています。これは高齢化社会
を迎えている先進国において医療費削減という問題の解決のためにも，
"住"側からの有効な手段であるということを物語っています。

　今後はいかに健康寿命を延ばすことが大切であることを示しており，
そのためには住まいの環境と健康の関係を認識することがこれからの時
代不可欠です。健康寿命を延ばさなければ国の財政も圧迫し，超高齢化
社会を支えることなどできないからです。

　では暖かい家を実現するためにまず必要なこと，有効なこと，費用対
効果が高いことはなにか。それは間違いなく断熱性能を上げることで

す。断熱とは外気温の影響を受けにくくし，さらに室内の熱を逃げにくくすることです。

断熱性能が低い状態でいくら高性能な空調機（エアコン）で冷暖房しても，それは一次エネルギーと熱を捨てているようなものですし，冷暖房がほとんど効きません。

またそのような状況では空調機は常に強運転をし続け，風や騒音や埃を撒き散らしてしまいます。これによって多くの人が空調機を嫌いになるのですが，何も空調機だけが悪いのではなく，空調機が無駄なく的確に機能する"器"が作られていないことに大きな問題があるのです。

また断熱は冬のためだけではなく，もちろん夏においても同等に性能が発揮されます。つまりしっかりした断熱と日射熱取得，遮蔽が無理なくできている住まいは，冬は暖かく夏は涼しい家になります。

断熱をしっかりすれば冷暖房の燃費も大きく抑えることができるので，断熱は省エネルギーのためにするものということが強調されてきましたが，同時に健康な住まいのためにも断熱は大切なことなのです。今後はその両方の効果のために不可欠な性能という認識を広めてゆく必要があるでしょう。

4. 断熱の指標

断熱の性能を測る指標として国土交通省は2022年の"住宅の品質確保の促進等に関する法律"『品確法』において"断熱等性能等級（断熱等級）"を設けています。

日本の地域ごとの気候差を考慮して8つの地域に区分して，それぞれの地域において性能を1〜7等級に分類しています。

つまり寒い地域ではより厳しい断熱性能が求められ，寒冷地と温暖地では同じ等級でも断熱性能が異なります。ただ断熱性能というのは前述

したように寒さに対してのみ有効ではありません。猛暑日が増えている日本において暑さを凌いだり，冷房の効きをよくするためにも断熱性能はきわめて重要になっていますし，温暖地だからといって断熱性能を軽視してはいけません。

　等級は数字の大きい方が断熱性能が高く，高い等級を目指すのであれば断熱材の仕様や厚さ，並びに性能の高い開口部（窓）を選び，そしてバランスよく組み合わせなければなりません。ちなみに等級 6 になると，等級 4 に比べて冷暖房にかかる一次エネルギー消費量をおよそ30%削減できます。

　断熱性能や住まいの暖かさは，数値だけではわからないところももちろんありますので，どのぐらいの等級を目指せばよいのかは一概には言えませんが，私は新築を作るのであれば断熱等性能等級 6 以上を目指すべきだと経験上考えています。

　言い方を変えれば，これだけ大量の住宅のストックがある中で，あえて新築を選ぶのであれば，よほど心身を健やかにし，省エネルギーに貢献する住宅を建てなくてはならないということです。

　等級 6 以上の断熱性能の高い家を体感すれば，その快適性を心身が素直に認めます。家中どこに行っても寒いところがなく，小さな家でも広々暮らせます。

　空調機は動いているのかいないのかわからないぐらい静かに動きます。外出から帰ってきても家の中は全く冷えていません。もちろん光熱費は安く済み，そのことで気持ちに余裕と穏やかさを生みます。

　また2025年以降は等級 4 以上が義務付けされるので，等級 4 が最低等級になります。しかし現状の日本の住まいは等級 1・2 の低性能な住宅の割合が 6 割を超えており光熱費や住み心地や健康，あるいは建物の劣化といった大きな問題を抱えています。

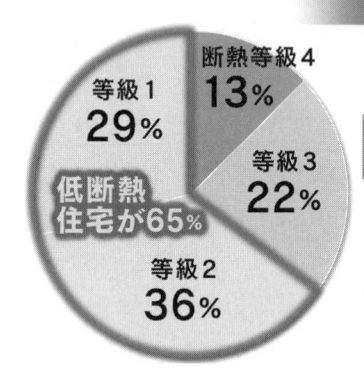

出典：国土交通省調査によるストックの性能別分布を基に，住宅土地統
　　　計調査による改修件数及び事業者アンケート等による新築住宅の
　　　省エネ基準適合率を反映して国土交通省が推計（令和1年度）
図表2-1

　しかし等級1〜3の寒い家でも断熱改修を行えば，等級を1ランク〜
3ランク上げることができます。私は等級2の中古住宅を断熱改修に
よって等級6に引き上げた事例を知っています。実に4ランク等級を上
げたのですが，こうなると改修前と後では全く別の家，住み心地になり
ます。

　寒冷地はもちろんのこと，温暖な地域においても既存の住宅を断熱改
修して断熱性能を上げて，できれば等級4以上の健康快適な住まいとし
て蘇らせてゆくことが大切です。

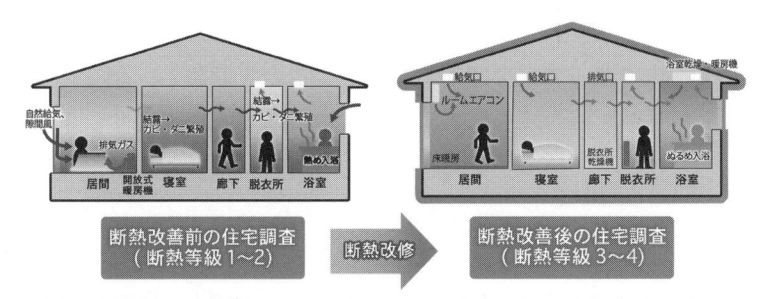

国土交通省補助事業　スマートウェルネス住宅等推進調査委員会
第 7 回報告会　2023.2.14より
図表 2 - 2

図表 2 - 3 を見てください。

　温暖地ほど住まいが低温になっており，香川県が寒い家に住んでおり反対に北海道が最も暖かい家に住んでいるという意外な現実です。これにより，さほど寒くない地域でヒートショックなどの事故が起きる確率が高くなっており，暖かい地域ゆえに，住まいの温熱環境に無関心で油断していることが示されています。

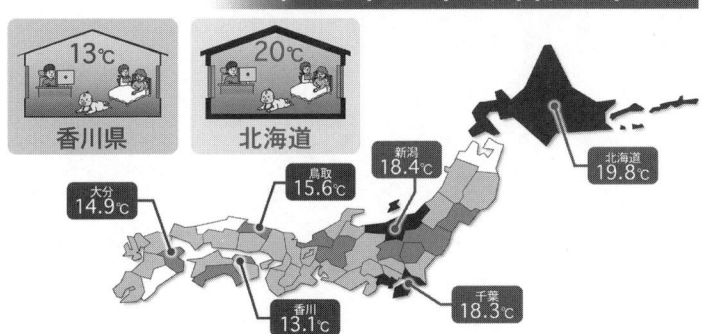

国土交通省補助事業　スマートウェルネス住宅等推進調査委員会　第 7 回報告会　2023.2.14より
図表 2 - 3

　冬の寒さで血圧が上昇して脳卒中を起こすアクシデントは，実は北海道の方が断然少ないのですが，それは北海道は室温が高いからということなのです。

　つまり断熱によって家を暖かくしてゆくことを意識し，現在の住環境を見直す必要があるのはむしろ温暖地域で暮らす人なのです。

5．住環境と血圧

　ここからは断熱改修をすることで，住人の健康面においてどんな効能が得られたかを，住まいと健康の研究の第一人者である慶應義塾大学理工学部教授の伊香賀俊治らが行った様々な研究と科学的根拠を紹介しながら見てゆきたいと思います。

　これまで血圧が高いと，タバコを吸っていませんか，酒を飲み過ぎていませんか，塩分を摂り過ぎていませんか，野菜を食べていないのではないですか，運動していないのではないですか，と医師から言われますが，実は血圧は住まいの室温にも影響していることが明らかになってきています。

　断熱改修前と改修後に同じ住まい手のデータをとった実験によると改修後は起床時の血圧が3.1mmHg低下しています。

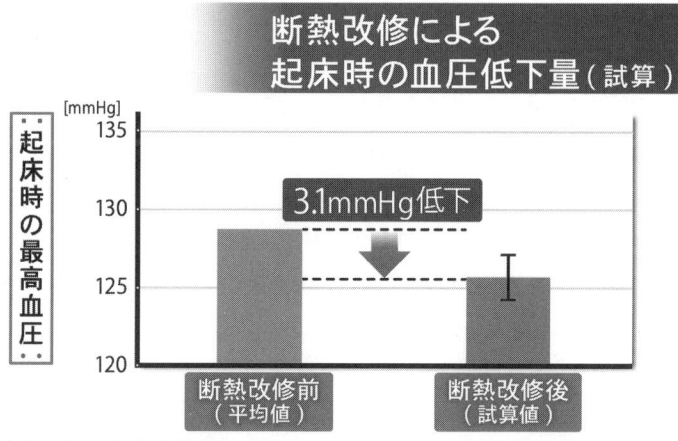

国土交通省補助事業　スマートウェルネス住宅等推進調査委員会 第 7 回報告会 2023.2.14より
図表 2 - 4

　国の健康政策では血圧を 4 mmHg 低下させることを目標としていますが，驚くべきことに断熱改修だけでおよそ 4 分の 3 を達成してしまっているのです。ちなみに日本国民の平均血圧を 4 mmHg 下げると脳卒中で死亡する人を年間 1 万人，冠動脈疾患で死亡する人を年間5000人救うことができると言われています。

　また血圧は生活習慣が改められなければ年齢とともに確実に血圧が上がってゆきます。しかし断熱改修後暖かな家に 5 年住むと，加齢に伴う血圧上昇がはっきり抑えられている結果も得られています。さらに10年後，15年後のデータが取れれば，さらに血圧上昇の勾配が緩やかになることが可視化されるでしょう。

　また起床時の室温と最高血圧の関係は，室温が20℃から10℃に下がると平均約10mmHg も血圧が上がることが判明しています。

　これだけ血圧が上昇すると脳卒中のリスクが男性で20%，女性で15%

高くなります。脳卒中は冬の寒さが危険だけなのではなく，最近は夏の脳梗塞も増加しています。

　熱帯夜で寝室室温が高温になり，汗をかいて血が濃くなると血栓ができやすくなります。それが脳の血管まで流れて詰まり脳梗塞になります。

　血圧上昇による様々なリスクを軽減するためにも，仮に家全体の断熱改修ができなくても寝室だけを断熱改修することも有効です。

　またNon-HDLコレステロール（総コレステロールから善玉のHDLコレステロールを除いた値）いわゆる悪玉コレステロールの基準値を超える人がどれだけいるかを室温で説明します。すると室温18℃以下の寒い家に住んでいる人は18℃以上の暖かい家に住んでいる人に比べて1.7倍の基準を超える人が多くなっています。

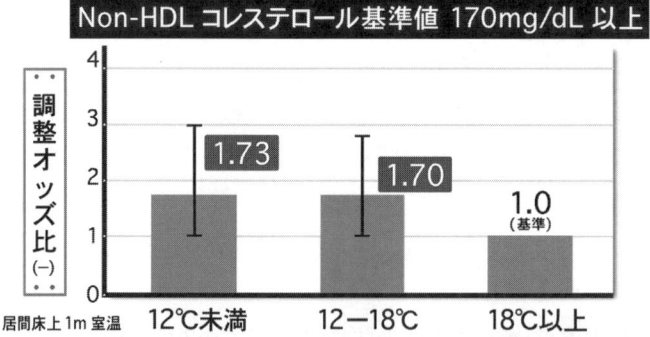

国土交通省補助事業　スマートウェルネス住宅等推進調査委員会 第7回報告会 2023.2.14より

図表2-5

　さらに心電図で何らかの異常がある人も18℃以上の暖かい家に暮らす人よりも1.8倍〜2.0倍多くなっています。

6．糖尿病

　高血圧症に次いで多い生活習慣病が糖尿病です。血糖値が基準値を超えているので，偏った食生活や運動不足を見直して改める人は多いのですが，これも寒い家と関連していることを認識して実践に移している人は少ないのではないでしょうか。

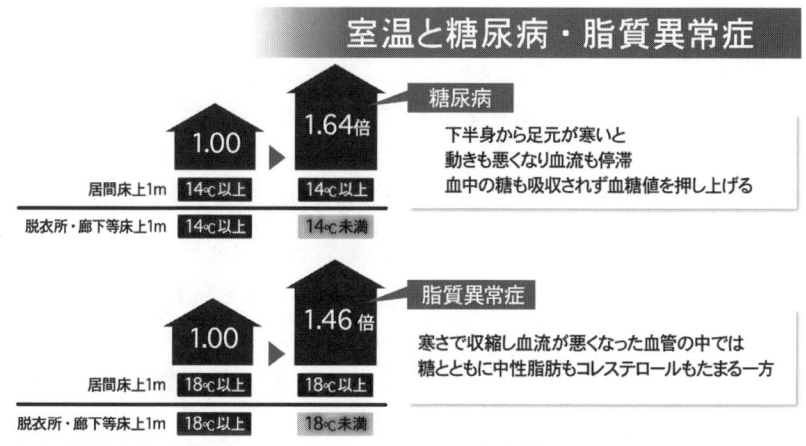

国土交通省補助事業　スマートウェルネス住宅等推進調査委員会　第 7 回報告会　2023.2.14より
図表 2 - 6

　この図表 2 - 6 は脱衣所や廊下の床上 1 mの温度と居間の床上 1 mの温度を測り，糖尿病の発病状況を調べたデータです。糖尿病は14℃以上あるかないかで差があり，例え居間が14℃以上あっても脱衣所や廊下が寒いと1.64倍糖尿病の人が多いことが判明しています。足元や下半身が

寒いと動きも悪くなり，血流も停滞し血中の糖も吸収されずに血糖値を押し上げてしまうことから，単に室温だけの問題ではなく，足元を暖かくすることへの注力も大切であることを物語っています。

　頭寒足熱を実現するためには床暖房をしなければならないと考えがちですが，例えば断熱等級6以上の住まいになれば，壁掛けエアコンだけでも足元がしっかり暖かくなり，さらに気流が発生しにくくなります。つまり頭がボーっとしたり，スースーする感覚がなくなるのです。大掛かりな機械設備に頼る前にまずは断熱をしっかりすることが何より大切です。

7．過活動膀胱

　過活動膀胱とは "急に尿意をもよおし漏れそうで我慢できなくなることや，夜中に何度もトイレに起きてしまうこと，そしてトイレまで我慢できずに漏れてしまうこと" などの症状を示す病気で，国内の患者数は約800万人以上と推計されています。睡眠の質の低下や，夜間の暗いトイレへの移動中における転倒，循環器系疾患の発生率が高くなるなど，この病気により複合的に重大で深刻な事故につながるため，この病気の発生を抑え，治してゆかなければなりません。この過活動膀胱に関しても暖かい家に住めば改善が期待できるということが明らかになっており，暖かい家は重大な事故予防にも大きく貢献するという結果が表れています。

　この場合，寝室だけを暖かくすることでも効果はありますが，できれば廊下やトイレも温かくすれば，さらにより良いのはいうまでもありません。寝室〜廊下〜トイレの動きの中で室温が暖かく一定であれば，仮に夜トイレに行ったとしても寒さで脳が起きてしまうことなく再度布団に入った時，すぐ眠りにつくことができるのです。

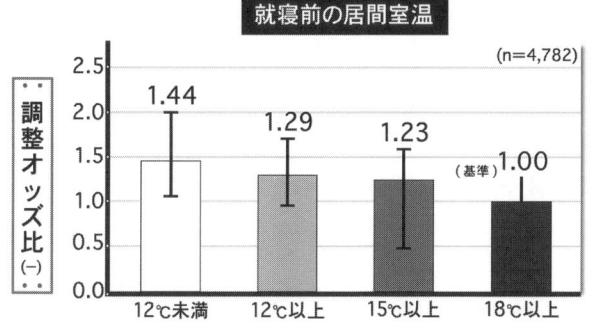

就寝時室温別の
過活動膀胱症状を有するオッズ比

国土交通省補助事業　スマートウェルネス住宅等推進調査
委員会　第 7 回報告会　2023.2.14 より
図表 2 - 7

　その他，断熱改修によって居間と脱衣所が18℃以上の暖かさになれ
ば，お風呂の湯温を熱くしたり，入浴時間を長くする必要がなく，危険
な入浴が減ることも判明しています。寒い家に住んでいる高齢者の入浴
時の事故も，断熱改修によって減らすことができるのです。

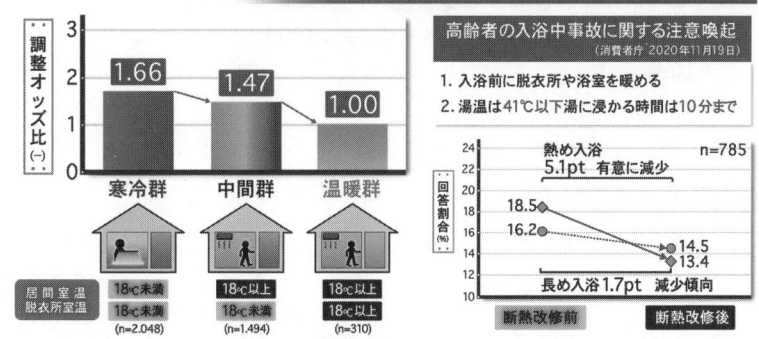

スマートウェルネス住宅等推進調査解析小委員会　第 5 回報告会　2021.
1.26を編集
図表 2 - 8

　これからは食生活，身体活動，飲酒，喫煙，休養と共に住宅の環境を大切にして生活習慣と"生活環境"両方のバランスを見つめてゆくことが必須なのです。

8．子ども，女性の健康と住まい

　今までは主に高齢者を対象とした住まいの環境を見てきましたが，暖かい家になって健やかになるのは高齢者に限ったことではありません。

　暖かい住まいでは風邪をひく子や病欠をする子が明らかに減るという結果が明確に表れています。

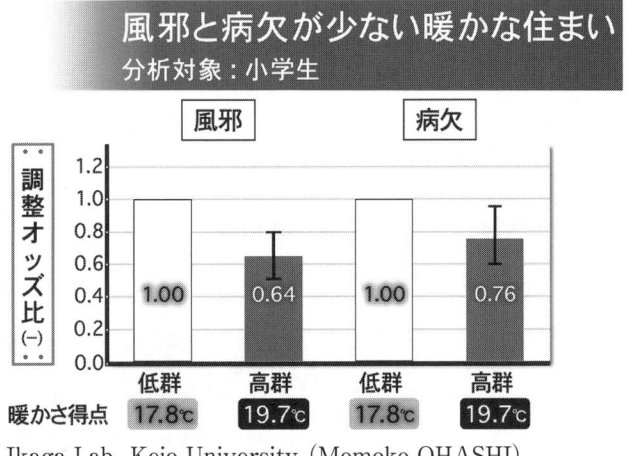

Ikaga Lab., Keio University（Momoko OHASHI）

図表 2 - 9

　また湿度が，子どもの中耳炎と関係していることも判明しています。冬の相対湿度は40〜60％が理想とされていますが，それ以下でもそれ以上でも中耳炎になる子どもが明らかに多いという結果が出ています。

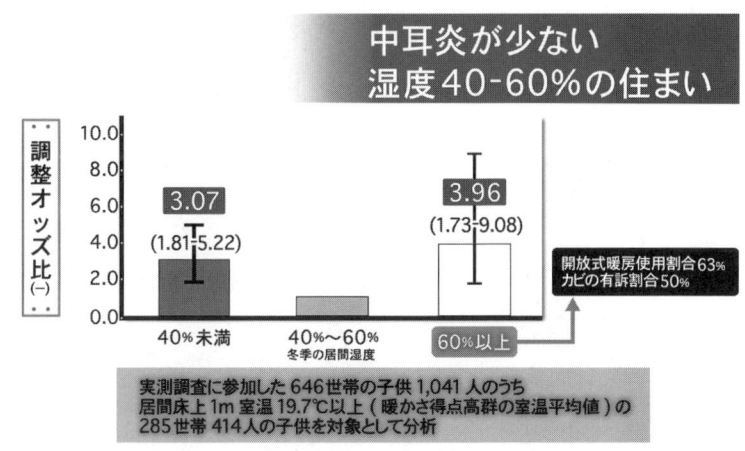

Ikaga Lab., Keio University（Momoko OHASHI）
図表 2 -10

　冬の過乾燥を防止するためには，あまり室温を上げなくても暖かく快適に感じる環境が大切になります。例えば同じ室温20℃であっても床や壁の表面温度が高ければ，表面温度が低い部屋よりもかなり暖かく快適に感じます。表面温度を高くするためにも断熱が大切であることが見えてくるのです。

　加えて足元を暖かくするだけでも，同じ室温20℃でも体感の暖かさは変わります。このようなことを認識できれば冬の乾燥を抑えることができます。

　この表は足元が暖かくなるとPMS（月経前症候群）や月経痛が少なくなることを示しています。副交感神経の働きの低下がPMSや月経痛を発症させるということは，いかに足元を暖かくしてリラックスしてストレスのない住環境をつくることが非常に大切であるということです。

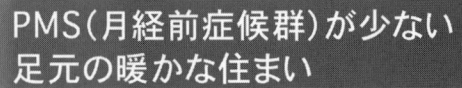

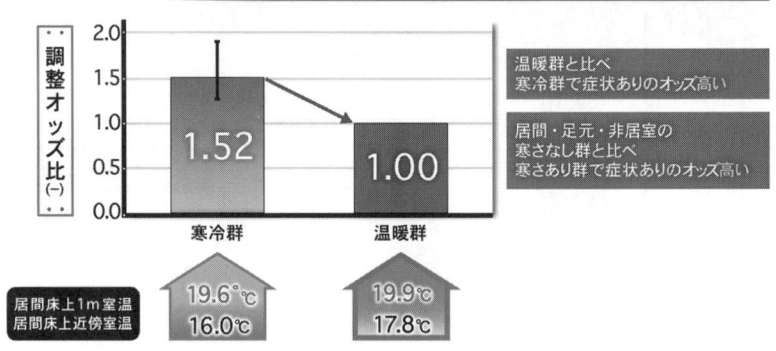

Ikaga Lab., Keio University (Akane ISHII)
図表 2 -11

　その他，断熱性能を上げて住環境を向上させると仕事の効率が上がったり，熱中症を予防したり，脳の働きがよくなるなど様々な効能が見られ，言い方を換えると，このように良いこと尽くしなのに，なぜこのことを認識して実行しないのか，ということになります。身近なところから断熱改修を行い，多くの人々が断熱の大切さを心から実感する機会を増やしてほしいと思います。

9. まとめ

　第１章で，私たちホモ・サピエンスは暖かいところから生まれた動物であると述べました。私たちの本当の生息地は暖かい所です。動物としてのパフォーマンスがしっかり発揮され，本来の健やかな生活のためには，住まいは何より暖かくしなければならないことが改めて認識されたように思います。

　さて，ここまで説明してゆくと，もしかしたらこんな疑問を抱く人もいるのではないでしょうか？

　"断熱気密性能を上げて，空調コントロールされた閉じた箱の中の暮らしが精神的にも果たして快適なのだろうか？"
　"かつての縁側のように自然と一体化した場所は否定されるのだろうか？"
　"住まいが閉じ気味になり，町に開いた地域や近所との接点がなくなりかえって高齢者が孤立してゆくのではないか"
　"リラックスした安定，安心した住環境に居続けることで生命力や免疫は生まれるのだろうか？"
　"暑さ寒さを感じない均質な室内環境は，四季を楽しむ生活から離れてゆくのではないか"

　そんな声が聞こえてきます。実は私も断熱気密性能の向上の大切さはわかるけれども，かつての地域や自然とつながった家も手放したくないと考えていて，自然環境を遮断しながらも自然を身近に感じたいという矛盾した思いの整理に時間がかかりました。
　断熱性能を向上させ，四季の変化のない安定し過ぎた人工的な環境にいると，自然を身近に感じなくなったり，季節感を楽しむ生活ではなくなってきたり，地域性や風土性が阻害されてゆく傾向は否めないのです。
　しかし私はようやくその問題を解決できる筋道を見つけられたように考えています。
　そのことを最終章である第15章で詳しく紹介したいと思います。

※この章は2023年9月4日に放送大学印刷教材作成のため堀部安嗣建築設計事務所主催で行われた伊香賀俊治のセミナー"断熱と健康の関連"をもとに書かれました。

参考文献

監修：伊香賀俊治，企画：住まいと住まい方のジェントロジー研究会『"生活環境病"による不本意な老後を回避する─幸齢住宅読本─』社会保険出版社　2023年

3 ｜ 住まいと木材

堀部安嗣

《**目標＆ポイント**》　自然の木材を使った家に住むと，様々な効能があること
が科学的に証明されつつあります。新建材などでは決して実現できない，本
来の動物としての相応（ふさわ）しい環境のためには木が不可欠なのです。また，自然
素材を巧みに操ることのできる "職人" の存在も考えます。
《**キーワード**》　利他的　コンクリートと木材　木材と健康　サーキュラーエ
コノミー　自然由来住環境素材　多機能性

1．無明の時代

　資本主義経済，消費社会が加速し，ここ数十年で世界が利己的な弱肉
強食型に大きく塗り替えられてしまったように感じます。強者の論理か
ら外れたものは切り捨てられ，生きる場所を失ってゆき，価値の多様化
とはうわべだけで実は画一的で平面的な強者の論理，価値，手法を知ら
ず知らずのうちに植えつけられています。

　強者の論理のほとんどは商売の損得勘定からつくられています。市井（しせい）
の人々も様々な情報を得られるようになったことで，無知を自覚した
り，それを自省する間もなく自分はわかっていると錯覚し，謙虚さを
失っている状態にあるように思います。言葉や概念だけでわかったよう
な気になっており，本当に大切な体感をともなった理解，納得ができて
いないのです。仏教の教えではそれを "無明" と言っており，人を滅ぼ
す大きな煩悩であると戒（いまし）めています。また "利己的" という概念はこの

宇宙では存在しないとも説いています。自分の利益のみを考えていては決して本当の利益は得られないからでしょう。自己中心的であれば自滅する道しか残されていないのです。

2. 利他的な家

　ある人がマンションを購入しました。3階の窓からの眺めと環境が気に入ったからだそうです。その眺めは，向かいの木造家屋の瓦屋根越しに松の木をはじめとする庭木が見えるのどかな借景でした。借景のみならず窓からの光や風がとても気持ちよく，いたくその部屋を気に入っていました。しかし住み始めて2年ほど経ったときに向かいの瓦屋根の家と庭は全てなくなり，代わりに敷地いっぱいに3階建ての白い箱型の住宅が建ちました。そこには一本の木も植わっていません。眺め，日当たり，通風はもちろんのこと，情緒や風情といったものも根こそぎ奪われてしまったということです。場所の価値がまったくなくなってしまったのでしょう。そのとき，その人は瓦屋根の家と庭木がいかに利他的なものであったのかということ，そして自分は風景を借りていただけで，自身の建物はその家に対しても周辺に対しても何もお返ししていない利己的なものであったということを痛感し，借りたら返すことをしなければ自分の利益は結局得られないのだ，ということを実感したそうです。

3. 本当の財産

　中華，イタリアン，フレンチ，エスニック……，今は誰もが多くの種類の食材を手に入れることができ，そして食べることができます。それ自体はとても楽しく素敵なことです。しかし日本の白いお米や味噌汁をはじめとする素朴な料理をもし食べることができなくなったら一体どうなるのでしょう？　心身にとって，風土や風景にとって，文化にとっ

て，そして人の記憶にとってあまりにも大きなものを失うことになるでしょう。1000年以上前の時代から受け継いできたものを，我々の時代のせいでこれから先の子孫に繋げられないことはとても罪深く，あまりにも利己的であるように思います。人は得ることには敏感で，失うことには鈍感です。何かを得たら何かを失うことを考えなくてはなりません。そして本当の財産は決して失ってはならず，失う前からその価値の大きさを知り，失わない方法を考え続けなくてはなりません。その考えと行為は地味でつまらないものに映るかもしれませんが，失ってからでは手遅れであることを過去の歴史から学び，多くの人たちとその行為の大切さを共有してゆかなければならないと思います。様々な新しいものや外部のものを取り入れ，共生させてゆきながら，かつ決して失ってはならない本当の財産を一人一人が生活の土台にしっかりと据えてゆくことが今求められているのではないでしょうか。そしてそれこそが住まいの基本を考える根幹につながるのではないかと思います。

4. コンクリートと木材

　日本は国土の7割が森林です。豊富な降雨量や地形に支えられて良質な木材が育ち，それによって極めて質の高い大工技術や木造の文化が形成されてゆきました。また重要なことは木材を育てるということは，すなわち森を育て，自然環境を循環させていることに繋がっています。つまり"建築すること"が自然や風土や風景を守るための行為の一つであったのです。"あるものを活かす"ということが今後建築をつくる上でとても大切なテーマになると常々考えているのですが，日本において国産の無垢の木材を使って木造の家を作るということは，まさしく"あるものを活かす"ことの代表であり象徴です。

　石油などの資源に乏しい日本が持っている素晴らしい再生可能な資源

であるのにそれを活かせない，使わない，持続させられないというのはどう考えても合理的ではなく，宝のもちぐされ以外のなにものでもありません。

　しかし戦後，瞬く間に多くの建物がコンクリートに変わってゆきました。当時力を持っていた人たちにとって大変都合よく，儲かる工法だったことも手伝いました。役所，学校，幼稚園，病院，旅館，寺院，住宅……。加えて土木工事には大量のコンクリートが流され，国土を覆いました。しかし今，それらの屈強であったはずのコンクリートの建物や工作物が，日本の気候や環境においては，時間の試練に耐えられず脆弱さを露呈している光景を見ることが少なくありません。増改築，あるいは取り壊しがしにくいことにも原因があるように思います。

　加えてコンクリートの建築は木造に比べて建設時にCO_2を多く排出することや，50年以上が経過すると維持管理にきわめて多額の費用がかかることが指摘されています。

　その反省から木造が見直され，今では多くの用途の建物に木造が採用されはじめている流れもあります。しかし見直されるまでの時間で失ったものは大きなものでした。大工技術，職人の育成，林業の衰退，自然破壊……決してコンクリートが悪い材というわけではありません。どんな工法，材料にも一長一短があり，万能なものは存在しないのですが，当時「木造は古臭い過去のもので，コンクリートこそが地震にも火事にも耐久性が優れ，木造よりも高性能であるもの」という短絡的かつ目先の利益のための考えが席巻し，誰もがそのことを鵜呑みにしたことが問題だったのではないでしょうか。強者の論理に傾くと，人は思考を停止させてしまうようです。学校教育，建築士試験においても木造が軽視されてきたことも今後の反省にして，早急に改善してゆかなければならないでしょう。

5. 国産材でつくられた住宅

　また現在，全国の木造住宅に使われている木材の過半数は，実は国産材ではなく輸入材が占めています。

　安価で安定供給ができる外材が重宝されてきましたが，前述したように日本にとっての木造は，国土の自然環境の持続的な循環と密接に結びついているところに大きな意味があるため，輸入材のみに依存した木造住宅というのは，木造の魅力と意義の多くを失ってしまいます。

　輸入材の良さも理解し，それらと共存，共生しながらも依存しすぎることなく，あくまで木造住宅の考え方や素材は国産材をベースにし続けて，自給自足率を高めてゆくことが大切です。

　現代を生きる人にとって，国産材がもう時代遅れで何の効力もなければ淘汰されても仕方がないのかもしれませんが，国産の無垢の木材に触れた生活は，そこで暮らす人の心身に驚くほどの効能を長い時間に渡ってもたらします。国産材の代表格は杉ですが，例えばこれを厚い板にして床に使うと腰痛や冷え性が治ったり，梅雨時のジメジメがなくなったり，冬に体温が奪われにくくなります。また後で述べるように無垢の木材が放つ“香り成分”によって様々な心身への効能があることがわかってきています。

　このような高い性能をもつ建材は現代においてもまず作れないでしょう。また我々と同じ水を飲み，同じ空気を吸って成長しているので，皮膚感覚や温度も共通しており，日本人にとって肌触りが良く馴染みやすいものです。この効能と感触を経験せずして死んでゆくのは，白いご飯の味を知らずに死んでゆくことと同じような勿体ないことだと思います。反対にこの素材の上で生活をした人の一生は，知らず知らずのうちにたくさんの自然の恩恵を心身に受けることができ，充実したものにな

ると言っても過言ではありません。ではなぜこのような性能が高くかつ誰もが入手しやすいものが一般的な材料にならないかといえば，割れる，反る，傷が付くといった杉の無垢材がもつ欠点をおおらかに許容できず，作用よりも副作用ばかりに注目し，クレーム回避をする体質が家を作る人たちにあるからです。

　また少しでもコストを下げて価格競争に勝ち残ろうとする体質や，本物でなく偽物でよしとする体質によって家はもちろんのこと町や風景までもが紛い物で埋め尽くされてしまいました。

　この状況の一番の被害者は子どもたちです。日常的に本物に出会う機会がなく，フェイクなモノや情報を浴び続ける生活が子どもたちにとってどんな悪影響があるかを真剣に考えなければなりません。

　人体にとって，人生にとって，そしてさらに後世の人々にとって，一体何が本当に大切なのかを知らず，教えず，理解せず，身体感覚で捉えることをしない，そんな状況はまさに"無明"の状態であるのではないでしょうか。

　利己的で自己中心的な家づくりから利他的な家づくりに変えてゆくことが今求められています。

6. 視覚情報に頼った家づくり

　さて家を建てる時どのような情報を得て，どのようなことを判断の拠り所にするでしょうか。おそらく間取り図であり，完成予想図であり，壁紙のサンプルであり，近年ではインテリアの画像や動画が主な情報になるのではないかと思います。しかしそれはほとんど視覚に関わる情報です。しかし実際に完成した家に住んでみると，"こんな音がする"，"意外と暑い"，"手触り足触りが良くない"，"振動が響く"あるいは"嫌な匂いがする"といった視覚以外の触覚，聴覚，嗅覚に関わる問題

の多さに，ようやく気付くことになります。家づくりを視覚情報だけに頼り，視覚以外の嗅覚や触覚を軽視してしまう傾向があるゆえ家は3回建てないと満足できないと言われるようになるのではないでしょうか。

　また家に居る時間のほとんどは一体何をしているかを考えてみてください。ほとんどの時間は"寝ている"のです。外に勤めに出る人は一日24時間のうち，家にいる時間はおよそ12〜15時間でしょう。そしてその時間の半分以上は寝ていることになります。つまり家とは寝ている時に快適な環境をつくることも大切なのです。寝ている時，視覚は当然働いていません。反対に起きている時も寝ている時もずっと働き続けている"嗅覚"や"聴覚"に関わることや温熱環境や炭酸ガス濃度に関わることが快適でなければならないことがわかります。

　寝室の温熱環境の大切さは前章で述べました。ここでは木材（天然乾燥した国産の杉材）の香り成分が起きている時も寝ている時も私たちの心身に対してどんな効能があるのかを考えます。

　天然の無垢の木材の香りがする空間がどんなに健康に良いのかという科学的な裏付けを示すことができ，かつ国産材を使うことの意義を知ることができれば，家づくりにとって大切な認識の土台が築かれるのではないかと考えています。

7．木材と健康

　ここからは九州大学大学院農学研究院の清水邦義の監修のもと，無垢の木材を使った住まいが心身に与える効能について，清水が行ってきた様々な実験，研究結果を紹介しながら考えてゆきたいと思います。

　清水は世代を超えて存在する健康に資する安心，安全な天然素材（生薬，食品，化粧品，香り）の研究をしながら，広く"人にとってふさわしい環境"とは何なのかを説いています。科学的な裏付けにより示され

た住環境と人との関係は，住まいをつくる人々や住む人にとっても必ず知っておかなければならない住まいの基本を表しています。

（1）サーキュラーエコノミー（再生可能資源の可能性）

まずこの図表3-1を見てください。

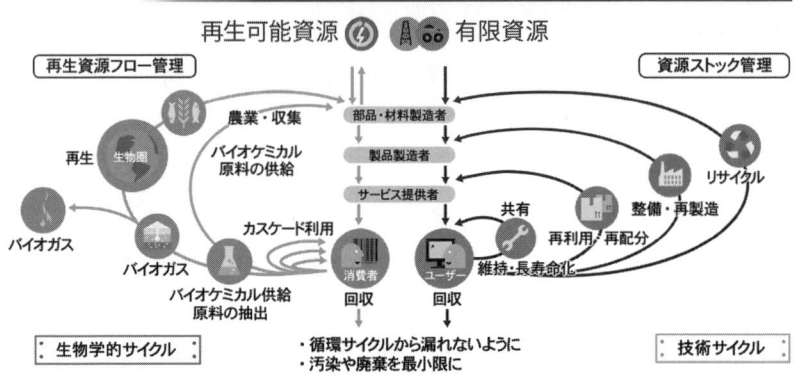

出典：エレン・マッカーサー財団資料　環境省「平成28年度環境白書 第
　　　　3章 自然の循環と経済社会システムの循環の調和に向けて」より
図表3-1

この図はEUが提案するサーキュラーエコノミーのイメージです。右側が有限資源の循環を表しています。使い捨ての時代から，リサイクルしてゆかなければならないことを示していますが，有限資源のリサイクルでは空気中のCO_2を減らすことはできません。一方，木材に代表される再生可能資源に注目してください。唯一，農林水産物のみが空気中の二酸化炭素を吸収してくれるのです。私たちがこれから生きてゆくためには，再生可能資源である，木材，植物，すなわち生態系のものをいかに使うか，そしてまた植えるのか，そしていかに使うか，ということが

問われています。

　図表3－2は再生可能資源である森林資源の活用を示しています。木を植えて，そして育てて収穫することは誰もが考えることですが，問題は消費です。地産地消という言葉があります。地域で作ったものを地域で消費しましょうということですが，木材の循環において一番問題となっているのは，消費していないということです。これからは考え方を改めて，まず地消。すなわちいい出口を作り，それにより森林資源のいい循環を促さなければならないのです。同時に"若い森林はCO_2をより多く吸収"と言う点にも注目してほしいと思います。

　現在，国は国産の無垢の木材をもっと使いましょうと働きかけていますが，前述したように価格競争や企業の利己的な都合により国産の木材が思ったほど住宅に普及していません。いかにその有用性を科学的に証明し，そして消費者意識の変化を促してゆくことが求められています。

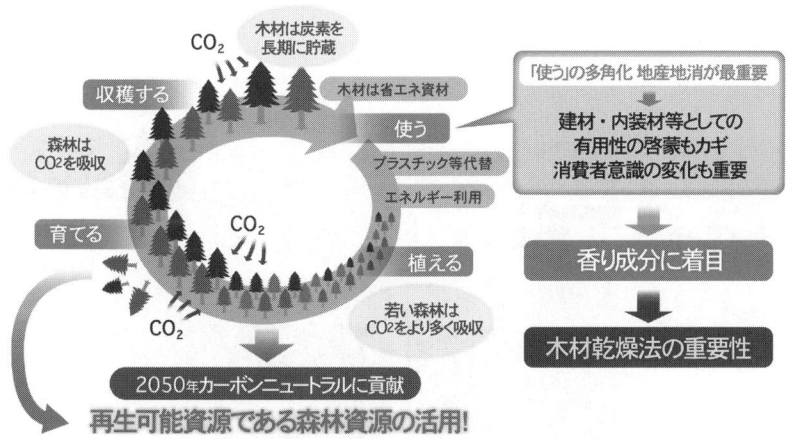

出典：農林水産省（林野庁）「森林と脱炭素をめぐる情勢について」（令
　　　和4年1月31日）を基に作成

図表3－2

（2） 木の香りの空間

　木に包まれて生活している人の話を聞くと，その誰もが快適で健やかに暮らせると言います。このことを科学的に裏付ける方法として，清水は2012年に九州大学のキャンパスに見た目も大きさも同じの２つの部屋を作り，比較検証をする実験によってアプローチしました。

- 実験A棟；100％天然の国産杉の無垢材を使用した部屋。構造材は杉の天然乾燥または中低温域乾燥
- 実験B棟；無垢材を模した木目調のビニルクロスの部屋。構造材は杉の高温乾燥

　その２つの部屋でそれぞれ被験者に同様の生活をしてもらい，どのような違いが見られるかを検証し，加えて他にもいくつかの実験や検証を加えて様々な天然の木の効能を示してゆきます。

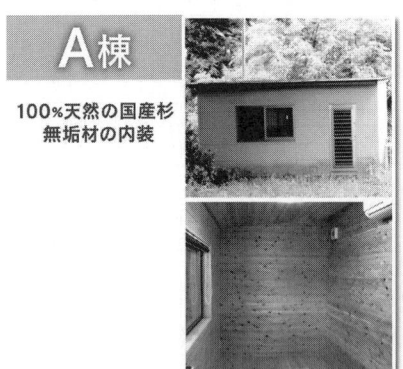

図表 3-3

検証の内容は以下の通りです。

1；各実験棟における香り成分の量
2；各実験棟における調湿作用
3；各実験棟の抗菌作用
4；各実験棟における作業時の心や身体の状態
5；各実験棟における睡眠時の心や身体の状態
6；各実験棟における脳機能の状態

それでは各検証の結果を見てゆくことにします。

1；各実験棟における香り成分の量
　A棟（無垢材）の方が年間を通してB棟に比べておよそ2倍近い香り成分が検出されました。木の家に対して人が好感や快適性を抱きやすい要因の一つとして"香り"成分が関係している可能性の高さが示されたといっていいでしょう。また木の香りは年々減少してゆくような先入観がありますが，図表が示す通り特に杉の天然乾燥材においてはそのような傾向はないことが読みとれます。

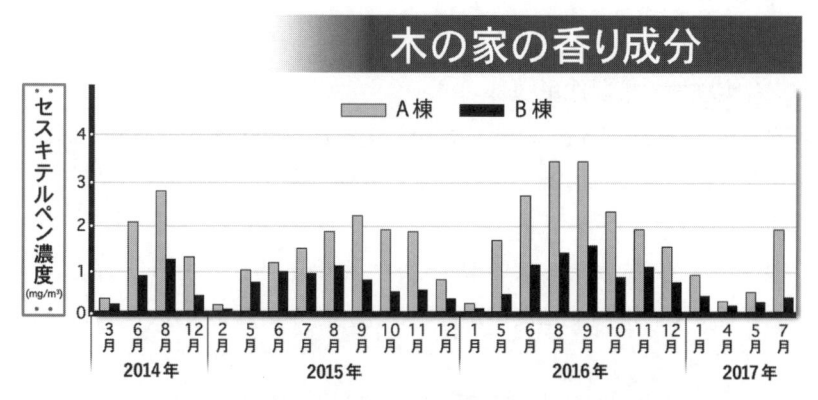

図表3-4

2；各実験棟における調湿作用

夜間睡眠実験において温湿度を計測すると，A棟では人の発汗や呼吸による湿度上昇を抑制していることが季節に関わらず確認できました。

実際に人が寝ていると，呼吸をする過程で水分を放出します。B棟の場合，湿度がかなり上がって不快な湿度になってゆくのに対し，A棟は湿度の上昇が劇的に抑えられていることがわかります。人が放出した水蒸気を無垢材が吸ってくれているのです。

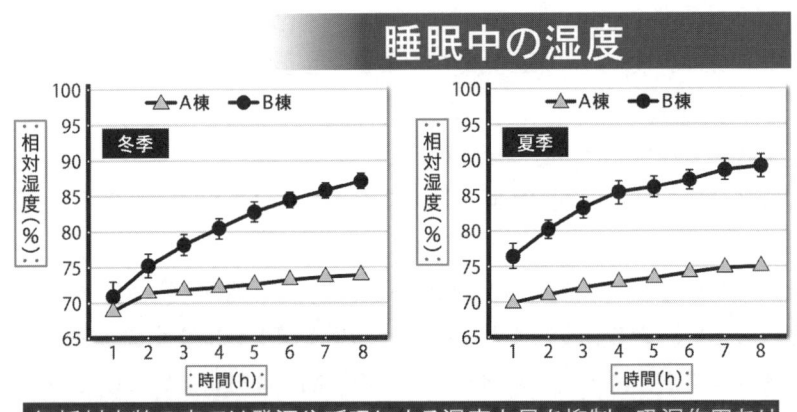

図表3-5

3；各実験棟の抗菌作用

黄色ブドウ球菌を使い，天然乾燥した木材，塩化ビニル素材，高温乾燥した木材，コピー用紙を試料とする実験により，木材の高い抗菌効果を確認しました。

木材というと穴がいっぱい空いていて微生物が生えやすく，菌にとって生育しやすい環境ではないかという先入観がありますが，それは全く

逆であることを示しています。黄色ブドウ球菌，これはアトピー性皮膚炎の増悪因子として知られています。黄色ブドウ球菌が増えるとアトピー性皮膚炎が悪化することが最近の皮膚の微生物相解析でわかっています。

抗菌試験の結果

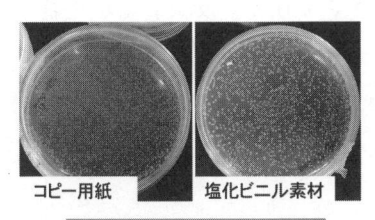

図表 3 - 6

　コピー用紙の試験では無数の菌のコロニーが明確に表れています。同じ条件で一般的な壁紙，塩化ビニルでも無数の菌が現れます。一方，木材は菌のコロニーがほぼ見当たりません。木材で作ったまな板など菌が生えやすい印象がありますが実際に調べてみると菌の発生率は極めて少ないことがわかります。間違いなく無垢の木材の表面の方が様々な菌の増殖を抑えるということがあるので，清潔で安心安全な空間をつくるという意味でも木材は重要であることが明らかになりつつあります。また木材の香り成分は，殺ダニ効果，シロアリ忌避効果があると報告されています。

4 ; 各実験等における作業時の心や身体の状態

　最近学校や家庭生活やビジネス空間に木材をどんどん取り入れる動き
が進んでいます。これは作業中のミスが少なくなり，かつリラックスで
きると考えられているからです。

　これに関してもA棟，B棟で同様の作業や営為をしてそれぞれを比較
検討することで明らかにしました。

　結果はA棟（無垢材）はB棟に比べて誤答率は低く（課題へ集中でき
ていた），課題後のα（アルファ）波は高く（リラックスしていて疲労
回復が早い），交感神経活動が低く（リラックス状態），緊張や不安が低
く，抑うつが低いことが確認されました。このことは無垢材を内装に用
いた部屋は作業効率が良くリラックス効果を持つ可能性を示唆していま
す。

5 ; 各実験等における睡眠時の心や身体の状態

　睡眠の質は脳波を測定して比較検討しました。深い眠り（ノンレム睡
眠）の時はδ（デルタ）波を出し，緊張覚醒状態（レム睡眠）の時はβ
（ベータ）波を出します。この緊張覚醒の眠りの長さと深い眠りの長さ
の割合をSDIという指標で表すことができ，この値が高ければ高いほ
ど睡眠の質が良いということになります。寝始めて起きるまでで，全て
の時間帯において平均値を見ると，A棟（無垢材）の方がSDIの値が
高いことがわかります。

　つまり，A棟（無垢材）における睡眠はB棟に比較して深い眠りが長
く，浅い眠りが短いということが示唆されています。すなわち睡眠の質
が高いということが明確になっています。

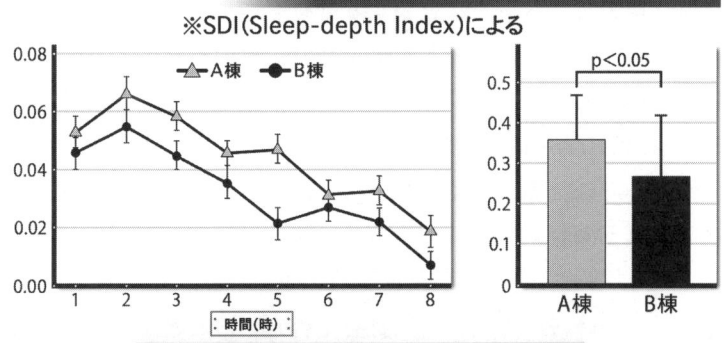

図表 3 - 7

6 ；各実験棟における脳機能の状態

　A棟（無垢材）の部屋で促進される脳機能は主に"注意（MMN注意関連脳電位）"と"記憶（Fmθ）"という結果が導かれました。つまりこれは気づきや感性を高めることが重要な育児，教育，スポーツなどの環境への有用性を示すと同時に，注意や記憶機能が低下しやすい高齢者の住まい環境への有用性も示しています。

　高齢者はちょっとした段差に気づくことが大切ですが，その機能を木の空間が支えてくれるということになります。

8. まとめ

　今回は国産の"杉材"に囲まれた空間の効能をみてきましたが，他にも畳に使われる"いぐさ"や"土"や"漆喰"といった自然素材や杉以外の樹種においても科学的な裏付けをとることができる可能性があります。

　杉材には様々な多機能性があることが確認できましたが，近代以降の科学技術を結集しても，これを超える素材を作り出すことは難しいのではないでしょうか。この事実と現実を知り，自然素材によって包まれた暮らしの大切さと重要性を改めて考えてゆかなければなりません。

　このまま石油化学系の建材を無尽蔵に製造し，使うことは環境のためにも人間の心身のためにも良くないことは明らかです。言い方を変えれば，地球を救うのも人を救うのも再生可能な自然素材であるということです。

　同時に近代以降に作られた新建材を全否定することが難しいことも事実であり，一気に新建材を使うのをやめて自然素材に全て切り替えることは不可能です。

　新建材にもその良さと問題を知った上で，なお重宝する材料も多々存在しています。極端に傾くことなく，自然素材と新建材を無理なく上手に組み合わせてゆくことが求められているように思います。私は自然素材を“主役”にして，その主役を支える脇役を新建材に担ってもらうのが良いのではないかと常々考えています。

　そして漸進的に自然素材を使う割合を増やしてゆくことが必要なのではないでしょうか。

　これからの住まいを考えると，遥か昔から存在している自然素材の魅力にますます気付いてゆくことが実に興味深いところです。

　さて現在，大工や左官といった職人が激減しています。

　価格競争に巻き込まれて本物の技術の使い所が減ってしまったり，社会的な評価や地位が低下したり，“きつい仕事”というイメージが先行してしまったことなどが原因として挙げられます。

　職人は二つとして同じもののない自然素材の素性や特徴を生かすよう

に加工し，組み立てることができます。

　大工であれば木の素性を見抜いて，その素性を活かすように加工し，左官であれば土などの材料の特性を知り，適切に配合し，その日の温度湿度を考慮しながら塗ります。つまり同じ設計図であっても職人の技術によって作られるものに大きな違いが出ます。この成果がやりがいにつながり，そして自分の代わりは他におらず，競争に巻き込まれない環境で仕事ができます。

　今まで述べてきた無垢の木材もそれを扱える職人がいなければ，その効能を知ることも，自然素材の恩恵にあずかることもできません。

　大工をはじめとする職人の減少の問題や林業の問題も含めて，木材を取り巻く環境の大きな循環が促されるように，日々問題点を改善し続けてゆく必要があるでしょう。

　職人の減少問題に特効薬はありません。けれども，今回紹介したような自然素材の心身への効能を多くの人が知ることで，それを扱うことのできる大工や左官に社会的評価と地位が与えられてゆく可能性は残されています。

　そして職人は住む人の心身の健康を左右する医者のような役割があることを自覚することで，仕事への誇りをさらに持つことができるのです。

※この章は2023年9月21日に放送大学印刷教材作成のため堀部安嗣建築設計事務所　主催で行われた清水邦義のセミナー"自然由来住環境素材（スギ・畳）の健康に寄与する多機能性と需要拡大に向けて"をもとに書かれました。

● **図表3-3〜7は清水邦義作成**

参考文献

堀部安嗣『住まいの基本を考える』新潮社　2019年

4 | 住まいと省エネルギー

堀部安嗣

《**目標＆ポイント**》 これから新築をするのであれば，家づくりの目的の大事な一つに省エネルギーの達成を据えなければなりません。そして省エネルギーと，健康な住まいを実現するための様々な手法を学びます。
《**キーワード**》 パッシブデザイン ZEH 太陽光発電 CO_2削減 断熱気密 日射熱取得 日射遮蔽 UA値

1. 住まいのストレス

住宅においての "いい環境" とは何を指すのでしょうか。私は，それはすなわちストレスが少ない状態をいうのではないかと思います。ただ，生活の中では "いいストレス" も必要です。それは運動に代表されるような，ある程度身体に負荷をかけることによって得られる心身への正の効果です。しかし基本的に家にいる時はストレスのないリラックスできる環境をつくることをまず考えるべきでしょう。

広さ狭さのストレス，明暗のストレス，騒音振動のストレス，動線のストレス，景観のストレス，地震などの災害に対するストレスなど様々なストレスがありますが，中でも暑さ寒さなど温熱環境に関わるストレスはかなりの割合を占めており，またそのストレスを "感じる" "感じない" といった個人差も少ないため，誰もが共有するストレスといっていいのではないでしょうか。そしてそのストレスの蓄積によって様々な健康上の問題を引き起こすことは第2章で述べた通りです。

温熱環境に関わるストレスが大きい住宅は他の部分がいかに優れていても数十年にわたり愛着をもって住み続けることは難しいと思います。なぜなら住まい手は，そのストレスに打ち勝てる元気なときばかりではないからです。人は皆老いてゆき，病に臥せ，また将来に希望を見出せないときもあるでしょう。人の明るい希望だけに応えるのが建築ではなく，人が孤独や絶望といった負の状態にあるときこそ人をあたたかく包み込み，真価を発揮するものこそが建築でありたいと思います。特に住宅においてはその視点を重視しなければなりません。その意味で，ストレスの少ない温熱環境の実現は極めて重要です。

2. パッシブデザインとは

戦後の数十年は機械設備の進化と経済的な豊かさに支えられ，温熱環境に関わるストレスを冷暖房などの機械設備に依存して取り除いてゆくデザインが席巻しました。

気候風土を無視し，また断熱性能が乏しいまま機械設備に頼ることは，光熱費が膨れ上がったり，冷え性や腰痛を引き起こしたり，あるいは結露やヒートショックに悩まされるなど，経済的にも心身の健康にも支障をきたすことになりました。さらには原発問題やCO_2問題など，きわめて大きな人類共通の問題を抱え込んでしまいました。そんな状況にあって近年，太陽エネルギーや気候風土と呼応するデザイン，すなわち "パッシブデザイン" が強く求められるようになりました。

バスケットのドリブルをイメージしてみてください。上手な人は何も力を入れていないようです。ボールの跳ね返りを一番利用できるような，最小限の動きをします。まるで物理の法則の中に，人の手が溶け込んだような状態といえばいいでしょうか。その状態をつくれればスピードもあがり，疲れず，とても少ないエネルギーで最大の効果を生み出し

ます。これを自分のものにするには，いかに物理的な法則と自分の肉体を馴染ませてゆくかがポイントで，そのコツを掴むまでは基礎的な練習と経験が必要です。

建築におけるパッシブデザインも似たようなことです。太陽のエネルギーや気候風土といったすでに存在しているものを活かすようにデザインすることで，なるべく少ないエネルギーでそのはたらきを効果的に引き出してゆくのです。

パッシブ（passive）とは受動的という意味です。つまり自分以外の他者の力を上手に借りてゆくことでもあり，エネルギーの受け渡しや循環の効率の良いすがたを表しています。

反対に太陽が燦々と降り注ぎ，いい風が吹いているのにそれを取り入れることをしないデザイン，大雨が降っているのに素早く雨を受け流さないデザイン，身近にいい材料や技術があるのにそれを全く利用しないデザイン，そして冷暖房をフル稼働させなければ室内環境が成立しないデザインはどう考えても合理的とは言えませんし，エネルギー問題が深刻化している現代に全くふさわしくありません。

3. 古い日本のデザイン

パッシブデザインは機械設備のなかった時代の優れた日本建築にもともと高いレベルで備わっていたデザインでした。つまりパッシブデザインという言葉や概念などなくても自然とデザインされていたのです。

冬の日射熱取得や夏の日射遮蔽や通風，防湿，蓄熱の工夫といったデザインの基本はかつての手法や知恵を改めて評価し，手本にすることが大切だと考えています。夏の日差しを遮る屋根庇を出し，その庇の長さを慎重に検討して冬の日差しは取り入れる。また夏において庇だけでは防ぎきれない日射はよしずや簾や庭の落葉樹などで防ぐ。冬の断熱のた

めに障子や戸で挟まれた縁側という断熱，気密層を設ける。屋根にはたくさんの葦を重ねたり，瓦という性能の高い屋根材で断熱，遮熱を図り熱のロスを防ぐ。意匠と性能が高いレベルで融合した，情緒的かつ合理的な美しいデザインが展開されています。四季がはっきりしており，自然風土に恵まれていて，それらと生活とを淀みなくつなぎ合わせる役割の建築技術や考え方は，世界的に見ても大変ユニークでレベルが高かったといえます。

しかし，そうした日本建築の知恵や工夫をそのまま持ってきても，現代のニーズには対応できません。パッシブデザインを積極的に取り入れるという発想を受け継ぎつつ，その技術レベルを進化させる必要があります。実際，多くの研究者や実務者の取り組みによって優れた現代版パッシブデザインが提案され，四季を通じて過ごしやすい建物のベースが実現できるようになってきました。

ただし，パッシブデザインだけで現代のニーズをまかなうことも難しく，機械設備を利用するアクティブデザインと両立させてゆくことが必要です。現代に生きる人の肉体を考えたり，現代の日本の環境を考えると機械の力なしに生きることは現実的にできません。このことを前向きにとらえ，機械に"依存する"のではなく，機械を上手に"利用する"ことも必須です。今の空調機などは燃費もよく，環境に与える負荷も少なく，コストパフォーマンスもとても高くなっています。そのような優れたものを利用せずに我慢している状態も不自然といえるような時代になってきたのではないでしょうか。

4. ヨットとモーターボート

パッシブデザインはヨットに，アクティブデザインはモーターボートに例えるとわかりやすいかもしれません。

パッシブデザイン	アクティブデザイン
図表4-1-a　ヨット	図表4-1-b　モーターボート

　目指すのは風がある時は自然の力を利用して進み，風がない時やスピードが必要な時はモーターの力でも進めるような，ヨットに燃費が良く高効率なモーターがついているような姿を住宅に重ねてイメージしてみてください。これが私の考えるこれからの住まいの姿です。

　そして大切なことは，優れたヨットを作ったとしても，それをうまく乗りこなす"ヨット乗り"がいなければパッシブデザインは成就しないということです。住宅におけるヨット乗りとはまさしく住まい手のことです。冬，太陽が燦々と降り注いでいる時にはカーテンを開けて日射熱を最大に取り込み蓄熱させます。風が気持ちの良い日は空調換気を止めて窓を開けて風を通します。窓も開ける場所の工夫によってその効果はずいぶん変わってきます。あるいは夏の日差しが強い時はよしずや簾を取り付けるといった工夫に加えて，室温の設定温度や加湿や除湿のタイミングといったアクティブに関わる理解力と工夫も大切になってきます。それは生活をしながら学習し続け，家をチューニングしてゆく気持ちで住むと，家に愛着や省エネに対する意識も生まれてきます。設計者，施工者は今後，建主によいヨット乗りになってくれるようなコミュニケーションを行うことも大切な役割になってくるのではないでしょう

か。

5．住まいをつくる目的

　ここでどのような家を作りたいのか，作るべきなのか，その目的とそれを達成する手段を整理したいと思います。

　まず住まいをつくる目的として"健やかに暮らしたい"ということに異論のある人はいないのではないでしょうか。ストレスの多い，不健康な家を作りたいと思う人はまずいません。

　次にどういう家を作るべきかとなるとそれは"消費エネルギーの少ない家"ということを認識する必要があります。エネルギー問題が深刻な現代において，これからは省エネをしっかり目的にしなければなりません。

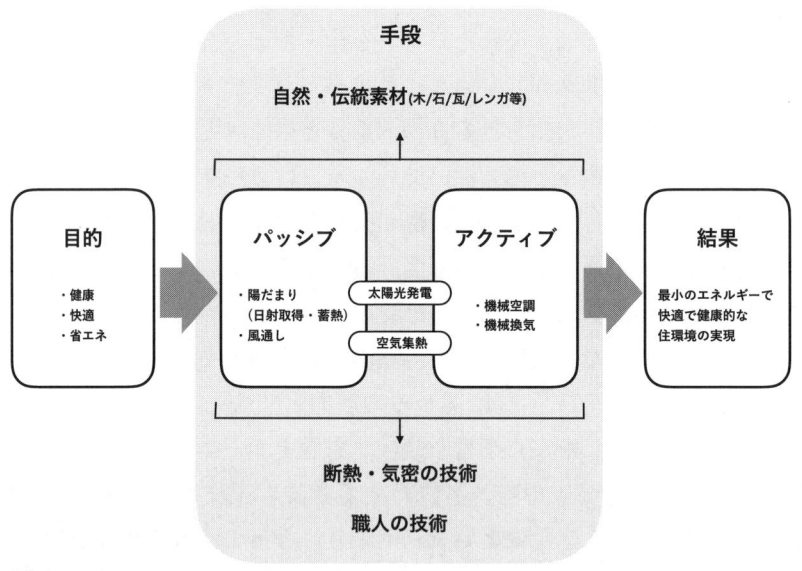

図表 4 - 2

　かつては一家が繁栄しているように見せるため，お金があることを誇示するために家づくりをするというような目的もありました。あるいは建築家の中には，住まい手の心身のことを考えるのではなく，芸術的で独創的な自己表現を目的とした設計も多く見受けられました。

　家にお金をかけることや自己表現自体が悪いことではありませんが，見栄を張ったり，虚栄心を満足させたり，利己的になったり，周囲を威圧するような家づくりは持久力がなく衰退も早いということをこの数十年の歴史から学びました。経済的，エネルギー的，あるいはマンパワーに関しても余裕のある時代はもう終わり，これからは超高齢化社会とエネルギー不足にしっかりと応えることのできる家を作る以外考えられません。

　これからの時代は建主，設計者，施工者，建材設備メーカーが共通の目的をしっかりもってゆくことが大切であり，その共通の目的が住まいの健康と省エネの達成でなければならないのです。

6．目的を達成するための手段

　次に，その共通の目的を達成するための手段ですが，前述したようにパッシブデザインとアクティブデザインの両立，融合が非常に大切だと考えています。

　そして自然素材や断熱気密といった技術，そして住まい手（ヨット乗り）の理解力と操縦技術が必要になります。

　そしてその結果，最小のエネルギーで最良の熱環境が得られ，健康で暮らせる住宅が結果として出来上がります。つまり省エネルギーと健康快適な環境は両立することができるのです。さらには自然素材の積極的な活用を行っていくことで，室内環境の安全性が向上し，建築材料の持続可能性も高まることになります。

　そして最も大切なことは必要以上に大きな建築を作らないということです。どんなに省エネルギーに配慮していても大きな建築は建設時にも維持管理にも多くのCO_2を排出し，環境に大きな負荷をかけます。省エネに配慮しているけれども過分に大きな建築は，あたかもカロリーが低い食べ物を大量に食べているようなことと同じです。

　住まいや建築の規模の適正さは省エネを考える上でとても大切なことなのです。

7．省エネルギー

　健康を促す温熱環境と省エネの密接な関係性を認識した上で，どうしたら"最小のエネルギーで最良の熱環境が得られる住まい"を実現することができるのでしょうか。パッシブデザインの推進とアクティブデザインの有効利用をはじめ，温熱環境や省エネルギーに関しての具体的な実践を長年多くの施工者，設計者に指導をしてきた「住まいと環境社」代表の野池政宏の監修のもと，野池の科学的な視点，資料を参考にしながらもとに話を進めてゆきたいと思います。

　なぜ住まいの省エネを図るのか，なぜ省エネを家作りの目的にしなければならないのか，ここで改めて整理してみます。

- 温暖化による気候危機を回避するため
- 地球人として，また先進国（CO_2排出量が多い国）に暮らす人としての責任
- エネルギー安全保障として。エネルギー自給率が低い日本に暮らす人としての責任
- 原子力発電依存から脱却するため

- 光熱費負担を減らすため
- 将来の資産価値のため。省エネ性能の低い住宅は近い将来資産価値が低くなる可能性が高い

　特に温暖化による気候危機は極めて重大な全人類的課題です。日本で暮らす我々の全てがこの課題解決に向かってゆくことが求められています。そのためには大幅な省エネや省 CO_2 が必要であり，住宅も例外ではありません。

　さて我が国における1990年度から2019年度までの CO_2 排出量の実績は部門別で図表 4 - 3 のようになっており，全体で 4 ％排出量が抑えられているにもかかわらず，家庭部門では24％の増加になっています。今後2030年度までには大幅な削減目標が掲げられていることからも，住まいにおける省エネや創エネを待ったなしで推し進めなくてはなりません。

　家づくりに関わる，建主（住まい手），設計者，施工者，建材設備メーカーらが一体となって今問題に関する正しい知識と方法論をもって，実践に移すことが喫緊の課題なのです。

CO_2 排出量と部門別 CO_2 削減目標

部門	CO_2 排出量実績	CO_2 削減目標
	1990年度 ⟶ 2019年度	2013年度 ⟶ 2030年度
全体	4%減	45%減
エネルギー転換	10%減	47%減
運輸	1%減	35%減
家庭	24%増	66%減
業務	48%増	51%減
産業	24%減	38%減

出典：環境省ホームページのデータを基に作成

図表 4 - 3

　ここで国全体で目指したい省エネ住宅の姿を具体的に考えてみると，住宅価格や賃料のコスト増加に対して元が取れやすい（コストアップ分を上回る光熱費削減分が短い年数で実現する）といった経済的合理性が大切です。また補助制度などを利用し，低価格帯の住宅でも省エネ住宅になるような仕組みや，住宅価格のコストアップを最小限にする建築材料や設備の研究開発も不可欠でしょう。

　次に省エネを考えるための基礎知識をまとめます。

　住宅内で電気，ガス，灯油を消費する用途として暖房，冷房，給湯，換気，照明，家電，調理（コンロ）があり，言うまでもなくこれら全体に気を配り，エネルギー消費量を少なくすることが必要です。

　また建築の設計上の工夫によって暖房，冷房，照明の3つに関しては室内環境を良くすると同時に省エネにもつなげることもでき，一挙両得であるということから設計力が非常に大切になります。

　さらに省エネの実現とともに太陽光発電やコージェネレーションといった創エネ設備も大切です。こうした設備の発電量からエネルギー消費分が差し引かれて，実際のエネルギー収支が決まります。このエネルギー収支をゼロに近づけることが，これからの住宅における具体的な目標です。

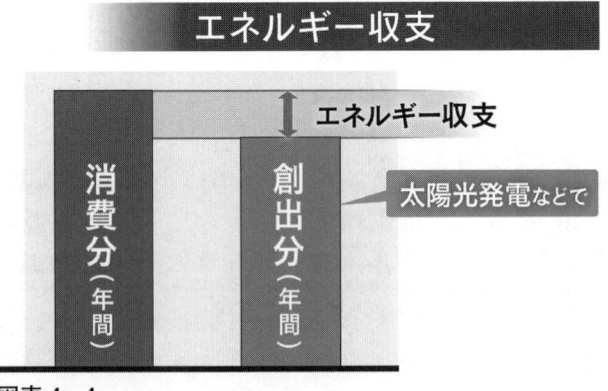

図表4-4

　国は大幅な ZEH（net Zero Energy House）の普及を目指していて，様々な補助金が用意されています。

　建物と設備を工夫して消費エネルギーを減らしつつ，太陽光発電により創エネをします。そして発電量が家電と調理を除いた消費量を上まわる状態をつくります。

　この状態がつくれると 4 人家族の場合，光熱費はおよそ年間 8 〜10万円になります。

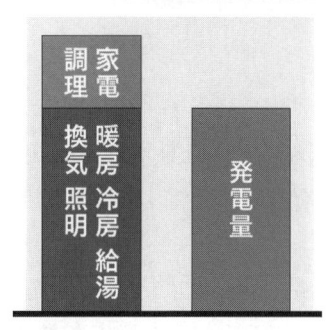

ZEH(net Zero Energy House)

国が定義しているZEH
家電と調理を除いた
消費量 ≦ 発電量

図表 4 - 5

　さらに"リアル ZEH"と呼ばれているものは発電量が家電や調理を含んだ全ての消費量を上回る住宅です。2050年のカーボンニュートラルを実現するためには，このリアル ZEH の普及がどのぐらい進むのかもポイントになってくると言われています。ここまで住宅全体のエネルギー収支がゼロに近づけば，光熱費ゼロ円住宅も視野に入ってきます。

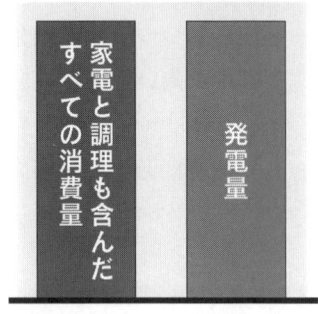

ZEH(net **Z**ero **E**nergy **H**ouse)

家電と調理も含んだすべての消費量

発電量

リアルZEHと呼ばれているもの
すべての消費量≦発電量

図表 4 - 6

8．太陽光発電

　山を切り崩して，自然を破壊して太陽光発電をするのは疑問ですが，空いている戸建住宅の屋根にパネルを載せて発電することは推進すべきことだと考えています。

　太陽光発電の前にエネルギー消費量を減らすことがまず先決ですが，それだけではカーボンニュートラルや ZEH さえも達成されません。イニシャルコストはおよそ10年程度で元はとれ，その耐久年数も考えると十分すぎるコストメリットも見込めます。また自然災害時での電力供給が可能になります。もちろん屋根にパネルを載せた時の景観の問題や，パネルの廃棄の問題などの議論はありますが，それでも立地条件によって設置が不合理な場合を除いて設置が問題になることはないと考えています。

　特に建設費をかけられる裕福な建主は太陽光発電と蓄電池を積極的に導入して，その製品コストを下げる方向に働きかけ，エネルギー消費量を積極的に減らしてほしいと思います。そしてパネル設置による景観の

問題や意匠性の問題は，建築家や設計者がより良い方向に工夫できる余地があると考えて，省エネ，創エネ性能と意匠性の両立に取り組むべきでしょう。

9. 実現したい住宅の確認

　快適で健康的な熱環境であることと省エネ（エネルギー収支の黒字）の両立を実現するための基本的な流れを図表 4 - 7 に記します。

　再三述べている通り，まずはじめにやはり断熱気密の確保が全ての土台になります。これができていないとその先，何をやっても効果は上がりません。

　断熱とは熱の移動を小さくするための工夫であり，少ない熱量（エネルギー）で無理なく暖冷房でき，室内の上下温度差が少なくなり，さらに壁，床，天井などの表面温度を冬なら高く，夏なら低く保つことができます。

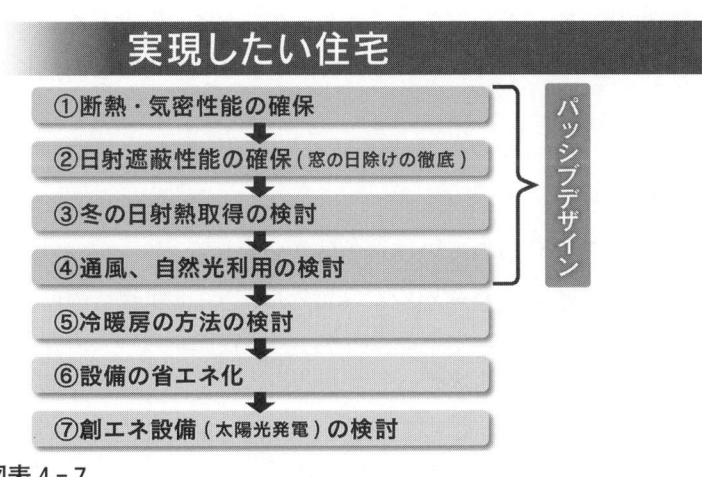

図表 4 - 7

　また断熱気密性能は経年で低下することがほぼありません。つまり一生ものの性能であって非常に費用対効果が高いということも認識してください。

　断熱材には様々な種類がありますが，それぞれに一長一短あり，適材適所にうまく断熱材を選択する設計が大切です。

　また屋根部分に断熱するのか，天井部分に断熱するのか，あるいは床下全部を断熱するのか否かなどの断熱の場所もどれが正解ということはなく，これもケースバイケースで適切に設計しなければなりません。

　断熱性能を見る上で最も重要なのが，建物全体の断熱性能の指標であるUA値（ユーエー値）です。第2章で説明した断熱等性能等級において，地域別にUA値の基準が定められています。

　UA値は床，壁，天井，窓から外に逃げてゆく熱量の大きさという意味なので，UA値は小さいほど断熱性能が高くなります。

　この4つの部位の中では窓から逃げる熱がいちばん多くなります。その熱を最小限にするために，断熱性能が高い窓を選ぶことが重要です。窓の断熱性能を詳しく見るなら，カタログなどに記載されている熱貫流率の数値に注目してください。この数値が小さいものほど断熱性能が高いことになります。

（1）気密性能

　さて，断熱性能を高めていけば冬暖かい家になっていくわけですが，もうひとつ忘れてはならないのが気密性能です。「建物に隙間が少ない＝気密性能が高い」ということであり，気密性能が低いと外から冷気が入り，また暖気も外に逃げていくことになるので，冬暖かく暖房費が少ない家になることを妨げてしまいます。他にも気密性能を高める意味はたくさんあるので，その全体を挙げておきます。

- 不快な隙間風を感じにくくなる
- 室内の熱が外に逃げにくくなり，暖房エネルギー（暖房費）の削減につながる
- 室内の上下温度差が小さくなる
- 断熱材の効果がしっかり発揮される
- 24時間換気が適切に働く

　また気密性能が高いと，意外なことに窓を開けたときに効果的に風が抜けます。横に穴が空いているストローではうまく飲み物が吸えないことを想像してみればわかるように，空気や水は入口と出口以外に穴が開いているとうまく流れてくれないわけです。このことは上に挙げた「24時間換気が適切に働く」という話と同じです。

　気密性能の指標は気密測定をしたときに得られるＣ値で評価されます。例えばＣ値＝1.2㎠/㎡というのは，その建物の床面積1㎡あたり1.2㎠の隙間があるということです。断熱性能は事前に計算できますが，気密性能は現場で気密測定を行わなければわかりません。

　Ｃ値は温暖なところでは1.0㎠/㎡，寒冷地では0.5㎠/㎡以下を目標値にすると良いでしょう。

（2）　日射遮蔽

　夏に建物内が暑くなる最大の理由は，建物に当たった日射熱が建物の中にたくさん入ってくることにあります。日射遮蔽とは建物に当たった日射熱を建物内に入れにくくする工夫のことです。

　建物に当たった熱が建物内に入ってくるルートには大きく2つあります。

図表 4 - 8

　1つは屋根や外壁に当たった日射熱が伝わって入ってくるもので，それは屋根や外壁の断熱性能を向上させることで少なくすることができます。

　もう1つは窓ガラスを透過して入ってくるものです。これは窓の断熱性能を向上させるだけでは十分に防ぐことはできず，最も確実な遮蔽効果が得られるのが「窓の外につける日除け装置（簾，シェード，外付ブラインド）」です。もちろん軒や庇も遮蔽効果は一定にあるのですが，たとえば東面や西面は相当な長さにしておかないと窓に直射が当たって日射熱が入ってきます。

　いずれにしても太陽の動きを把握することが何より重要であり，日照シミュレーションなどを活用して立体的な対策を行わないと，理想的な窓配置や的確な日射遮蔽の対策はできません。太陽の動きがわかれば，夏には北面の窓にも直射が当たることや，次に述べる冬の日射熱取得のためにどのように窓を設計すればよいかが見えてきます。

 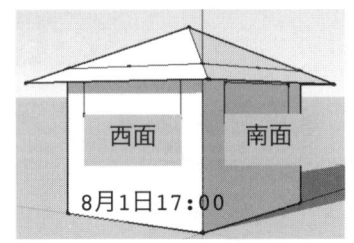

日照シミュレーションによる軒の遮蔽効果の検討。夕方の太陽高度は低いことから，軒の効果が不十分であることがわかる。

図表 4 - 9

　なお，第 2 章で述べた断熱等性能等級には，UA 値とともに η AC 値（イータエーシー値）といわれる基準もあり，η AC 値は「屋根や外壁から伝わって入ってくる日射熱と窓ガラスから入ってくる日射熱」の合計を示したものです。つまり η AC 値が小さい建物になるほど日射遮蔽性能は高いということになります。

（3）日射熱取得

　日射熱はとても大きく，冬にそれを窓から建物内にうまく取り込むことができれば，快適性と省エネの向上に大きく寄与します。

　日射熱の取得性能を向上させる最大のポイントは南面の窓の設計にあります。この南面の窓を大きく取り，日射熱が入りやすい窓にすることが重要です。

　そして夏にはその窓から入ってくる日射を遮りたいので庇をセットで設けることが重要です。

　冬，南面に当たる日射量は太平洋側が多く，日本海側は少なくなります。ただし全ての地域で南面を壁にするより窓にする方が得であることには違いありません。

　太平洋側ほどその得が増えるということです。

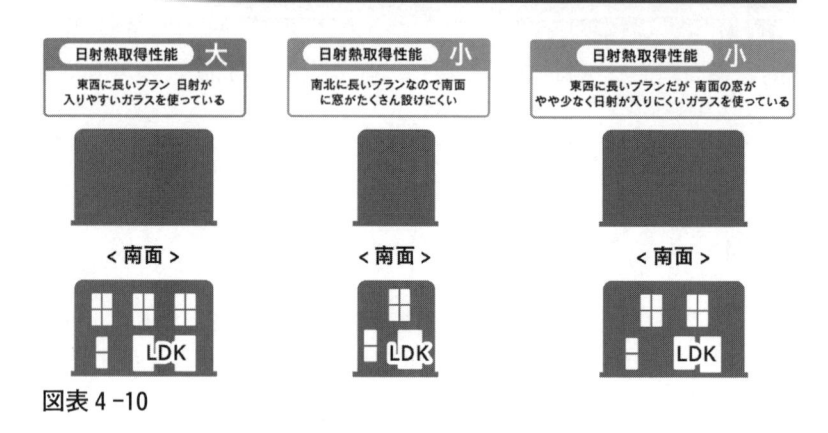

図表 4 -10

（4）風や光を取り入れる

　夏の日中は高温になる地域がますます多くなり，また花粉や埃や騒音などもあり，日中に風を取り入れることは不合理な状況が進んでいます。しかし地域によっては，日中は暑いけれども夜は涼しくなる日も多く，そうした地域では夜に窓から外気を取り入れることでエアコンを止める暮らしが実現できます。また断熱性能を高くすることで夏前後の外気温が高くない時期に冷房が必要になる時間が多くなるという問題が発生するのですが，その時期に窓から冷気を取り入れることも冷房エネルギー削減につながります。そういった意味で，やはり風通しを良くする設計が大切です。

　しかし花粉やPM2.5の問題も含め，窓を開けたほうが快適と感じる生活から，窓を開けないほうが快適とする方向に変わっているのは間違いないところで，そのような"家を閉じる"という傾向に対して議論と検討が大切です。家を閉じ気味になる昨今の風潮に対してどうすれば家

を開いてゆけるか。あるいは閉じる必要性と開く大切さをどう両立することができるのか。これが今後の大きな課題であると思います。

これに関しても私の考えを最終章である第15章で紹介します。

10. まとめ

第2章では断熱性の向上が健康面において大切であると述べ，本章では省エネの達成のために不可欠であることを述べました。

エネルギー問題，CO_2問題，光熱費の高騰，超高齢化社会，

医療費の削減

これら今日的な問題に関して，住の分野で喫緊に取り組まなければならないのが断熱気密性能の向上であることに疑いの余地はありません。

しかし性能のことばかりに気をとられたり，正解を手っ取り早く求めたり，あるいは断熱気密を過度に追求することによってあたかも住宅をカプセル化する方向に推し進めることも危険なことです。またハードウェアの性能がよくなると，そこで暮らす人や使う人の思考が停止し，工夫を怠ってしまいます。

パッシブデザインを理解し，かつ機械設備をうまく利用しながら"暮らしを楽しむ"ことによって徐々に消費エネルギーを減らしてゆくことが何より大切です。

省エネを頭だけで必死に理解したり，省エネ＝我慢と認識してしまっては実は省エネは決して達成できません。省エネとは楽しく生活を豊かにするものであると実感できた時，ようやく達成されるということを覚えておいてください。

太陽光発電も，義務感や経済的なメリットから取り入れるだけでなく，自分の家の庭で野菜がとれて楽しいように，自分の家で電気がつくれる喜びを感じるために取り入れる姿勢が大切なのです。

　この章で得た知識をもとにぜひ楽しい実践に取り組むきっかけになれ
ばと願っています。

※この章は2023年9月12日に放送大学印刷教材作成のため堀部安嗣建築設計事務所
　主催で行われた野池政宏のセミナー"最小のエネルギーで最良の熱環境が得られ
　る住まいに暮らすために"をもとに書かれました。
●本章の図表はすべて野池政宏作成

5 近代とは？

堀部安嗣

《**目標＆ポイント**》 近代の特徴はどういったことが挙げられるのか。便利に快適になった側面と，それと引き換えに失った側面があり，それを整理します。近代から何を学び何を反省するのか。そしてこれからの持続可能な世界に向けて何を考え，実践しなければならないのか，そのことを考えます。
《**キーワード**》 産業革命　フランス革命　国民国家　軍事的戦争　経済的戦争　近代建築

1. あたりまえの生活を疑う

　私たちは近代以降の生活を当たり前のように思って暮らしています。

　コンクリートやガラスやビニルで囲まれた家に暮らし，暑い日にはエアコンを入れ，買い物に行く時には家に備え付けられた車庫から自家用車に乗り，仕事とはお金を稼ぐことと認識し，ひとたびスポーツの国際大会が開催されれば自国を応援し，選挙があれば国を動かす議員を選びます。しかしこの当たり前と認識している生活は日本においてわずか150年ほどの歴史しかありません。言い換えるならわずか150年でこの当たり前の生活を実現させてしまったのが"近代"という時代の特徴です。

　その特異な時代を生きているという認識，そして今の当たり前と思われている今の生活が，歴史的に見ると実は決してあたりまえではないという認識をもつところからはじめたいと思います。

2. 世界からみる近代

　では一体，近代とは何かを考えてみましょう。世界の歴史と日本の歴史には少しズレがあるので，まず世界における近代のはじまりを簡単に整理してみます。

　近代のはじまりの認識には様々な見解がありますが，一般的に政治的にはフランス革命以後，経済的には産業革命以後と考えられています。18世紀半ばから19世紀にかけて西洋で起きた出来事が決定的な契機になり，資本主義社会や国民国家が生まれその後の生活，思想，経済等に劇的な変化が生じます。その激動の歴史そのものが"近代"であり，私たちは今現在も近代の流れの中にいます。たとえば近代以前にはいわゆる"国民意識"というものはほぼなかったと言われています。市民革命により主権は国民がもつという意識が生まれ，国民は言語，文化，人種，宗教などを共有する一体のものと意識されるようになりました。フランス革命で"国民兵"が生まれたことも国民としての一体感を意識される大きな出来事となりました。それまでは国のやることに興味もなく，ましてや国に協力をするなどといったことがなかった民衆が近代以降，国のために戦い，国のために命を捧げるという状況にまで変化したというのは実に画期的な出来事であったのです。そしてその結果，20世紀には国民と国民が全面的に対立して戦争をする2つの世界大戦に突入してゆきます。

　近代以降の世界はそれまでの世界と様変わりしてしまいましたが，近代以降のおよそ200年はホモ・サピエンスのおよそ20万年のそれまでの歴史を鑑みると，ほんの一瞬の出来事であることがわかります。サピエンスの歴史を人の一生に例えると近代以降はほんの数十日の出来事です。

人類の歴史

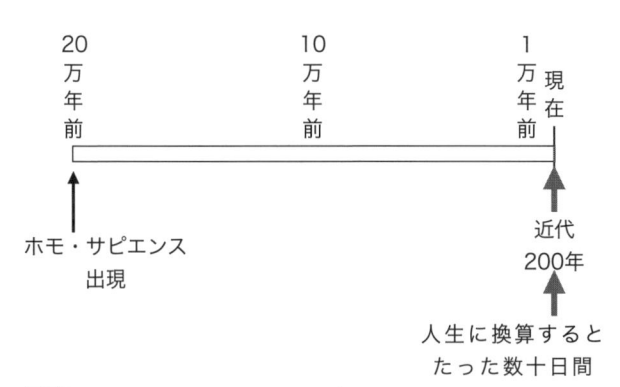

図表 5 - 1

　私たちは時代の変化なく平坦に暮らしてきたのですが，たった200年前より異常な変化が起きたのです。近代的国家や近代的な生活の普及により世界の人口は爆発的に増加しました。

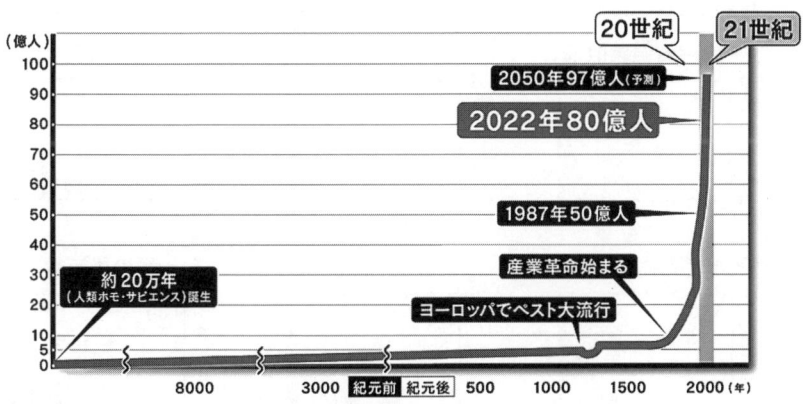

図表 5 - 2　　世界人口の推移（推計値）
UNFPA，国連人口基金駐日事務所　資料より

その大量の人々が営む生活は化石燃料を大量に燃やし続けることで成立させています。その結果，地球環境の異変や自然破壊といった深刻な問題を生み出しました。

例えるならば今まで36℃の平熱で人生を送ってきた人が，ある日突然40℃の高熱が出てしまい，数日間熱がなかなか下がらないような状況と似ています。近代のもたらした高熱により心身に様々な支障をきたしているような状態なのです。

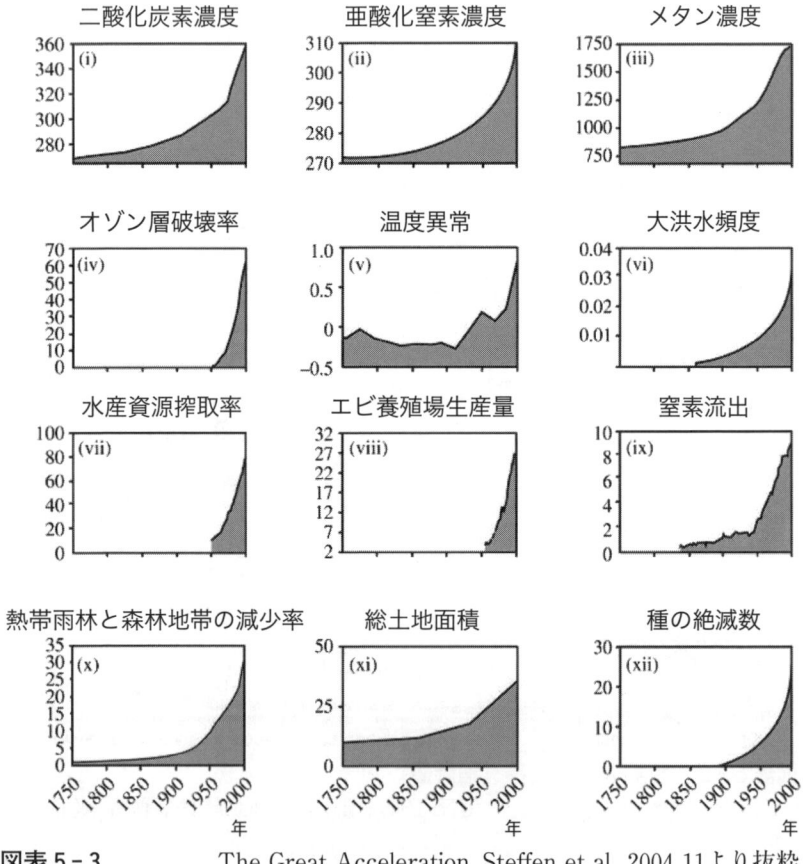

図表 5-3　　　The Great Acceleration, Steffen et al., 2004 11より抜粋

　このような異変に直面し，かつ多くの犠牲を払ってなおも近代的システムが世界的に受け入れられ続けているのは，衣食住が劇的に豊かになったからにほかなりません。それは近代以前の過酷な衣食住の環境の実体を知れば理解できます。近代以前では飢えや寒さが原因で亡くなったり，病気になった人が後をたちませんでした。ゆえに人の平均寿命が今よりも非常に短かったのです。その時代の人から今の衣食住の状態をみれば，夢のような時代がついに実現したと感じるに違いありません。それほど飢えや寒さの克服はサピエンスにとって長年にわたる切なる願いだったのです。数々の問題を引き起こした近代を批判し，だから近代以前の衣食住の状態や暮らしに戻るべきという考えは現実的に無理があるでしょう。サピエンスの切なる望みであったものをいったん手に入れてしまった以上，それを手放すことはそう簡単にはできません。とはいえ，このまま効果的な対策を講じなければ，やがて私たちの生活は今まで通りには立ち行かなくなることも目に見えています。

3. 日本における近代

　次に日本における近代を考えてみましょう。日本の近代のはじまりの認識はとても簡単で，それは明治時代からと捉えられます。長らくの鎖国後の開国により西洋から一歩も二歩も遅れた近代の始まりだったので，日本においての近代化はすなわち"西洋化"と捉えることができます。しかし明治以前に"近代的な要素"は日本に存在していなかったとは言えません。西洋化以前の日本には既に，それも特に建築において近代的な要素は高いレベルで存在していたことがよく知られています。しかし世界と比較しても先進的であった部分に当時評価が与えられず，西洋のものこそが優れていて先進性があるという見方によって，日本にすでに存在していた良質な部分が置き去りにされ見えなくなってしまった

側面が多々ありました。

　このように日本の近代化は無我夢中で西洋をお手本にします。その強引さ，急速さがその後の国の浮き沈みの大きな波をわずか150年の間に２つもつくってゆくことにつながります。

　このグラフは横軸に時代の流れ，そして縦軸に日本の"元気さ"あるいは世界の中での日本の"地位"や"存在感"のようなものを表しています。江戸時代の終わりから明治時代の始まりは，このままでは日本は世界から取り残されてしまい，挙げ句の果てには西洋列強の植民地にさ

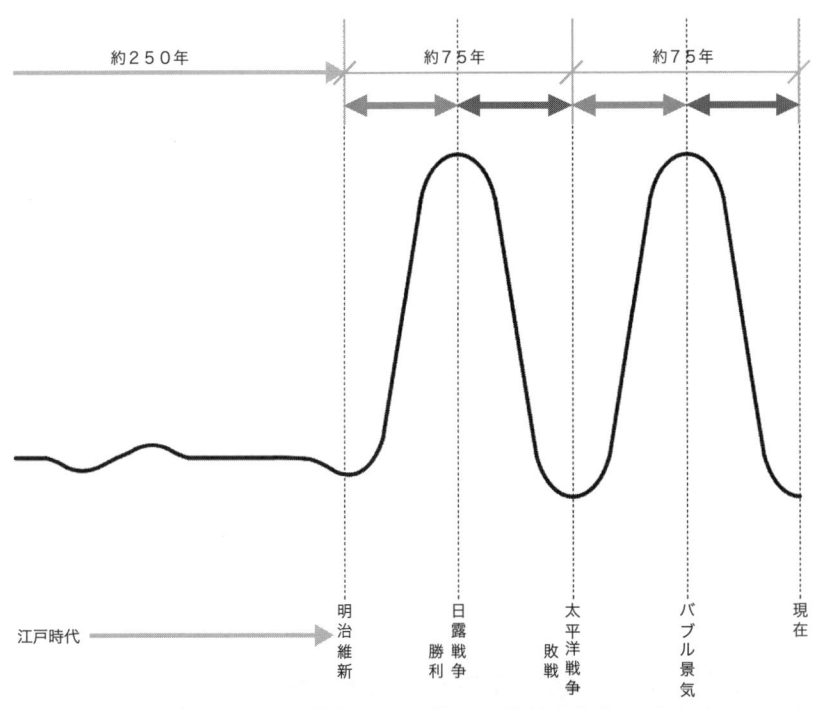

図表5−4　※このグラフの縦軸には具体的な数値的根拠はありません。あくまでも浮き沈みのイメージを表したものです

れてしまうという危機感と焦りの中，多少の無理があっても西洋の技術や思想を急速に取り入れて富国強兵を進めます。近代の特徴である国民全体で一致団結をして国を強くするという意識が日本にも生まれます。ちなみに江戸時代のころには，ほとんどの民衆は国のやっていることに無関心であり，国民という意識がなかったと言われています。開国後，いかに急進的な意識変化が短時間の中で行われたかを物語っています。

　国が一つにまとまり大きな目標に向かって邁進してゆく時代を作家の司馬遼太郎は「坂の上の雲」を追いかけた時代と表現しました。明るい未来を信じ，西洋に追いつけ追い越せという士気を煽った急速な上り坂の時代がおよそ35年続きます。しかし上り坂はどこまでも続きません。大国ロシアを破った日露戦争の勝利とともに下り坂に転じます。勝利により人々に思い上がりが生まれてゆくことも下り坂を転げ落ちる大きな要因となります。下り坂の時代には関東大震災，二・二六事件，満州事変といった不穏なできごとが重なり，やがて日中戦争，太平洋戦争に突入し，凄惨な敗戦というドン底を迎えます。このように歴史を振り返ると日本の近代の１つ目の山は結果的に軍事的戦争の顛末と捉えることができます。

　さて戦後は周知の通り奇跡的な復興と成長を遂げます。しかしこの上り坂の時代には，その光の裏に闇も同時に生まれてゆきます。公害や自然破壊が加速してゆく時代とも重なるのですが，明るい未来を信じて邁進するときには負の側面を隠蔽し，見て見ぬふりをすることで次の世代に大きな代償を払わせることになります。1980年を過ぎた頃経済が頂点を極め，日本は経済面では世界のトップに一時は躍り出ますがそれも束の間，バブルの崩壊とともに下り坂を転げ落ちてゆきます。ここでも人々の思い上がりや過信が転落をさらに加速させると同時に阪神淡路大震災や東日本大震災そしてパンデミックといった厄災が重なり，日本の

地位，士気は凋落します。下り坂の30年は多くの人々が価格競争に巻き込まれ疲弊しました。お金を生み出さない物や人や行為は切り捨てられてしまいました。そう捉えると2つ目の波は結果的に経済的戦争の顛末と捉えることもできるのではないでしょうか。

4．近代の軍事的戦争と経済的戦争

　このように近代以降のわずか150年の間に日本は激しい2度の戦争を繰り返しました。2度とも戦争に一旦は大勝利するもののやがて敗北を喫してゆきます。その周期も75年と驚くほど類似していることは栄枯盛衰のメカニズムを考える上でも重要なヒントになるでしょう。大切なことは二度の戦争によってあまりにも多くの大切なものを失ったということです。人命，記憶，心，自然，文化，景観……。もう一度失ったものの大きさを認識し，過去を反省して持続可能な社会や環境に向けて意識を立て直す必要があります。はたしてこの先，どのような波が形成されるのか，形成すべきなのか。それは各々の認識にかかっていますが，急速な成長や建設に対して大きな代償を払っている事実を認識すべきでしょう。またこれ以上，建設と崩壊を繰り返すための浪費できるエネルギーや資源も残っていないことも考慮に入れなければなりません。

　ここで日本における縄文時代からの歴史の流れを見てみます。このように時間を引き延ばして歴史を捉えると近代は日本の歴史の中でもほんのわずかな時間であることがわかります。それまでの平坦で変化の少ない時間の長さを鑑みると，日本人にとってもあまりにも異常で極端な時代を生きていることがわかります。つまり歴史的に馴染みのない変化のスピードを生きているのです。動物の身体的進化は生活や環境の変化に応じて，気の遠くなるような時間を要します。長い時間を暮らした狩猟採集時代の生活や環境に適合するように私たちの身体はつくられていま

すが，その生活が近代で大きく変わったとしてもそう簡単にその生活に適合する身体的変化は起きません。ゆえに現代で問題となる運動不足や糖尿病や肥満といった生活習慣病がなくならないのです。そんな私たちの身体の健全性を考える上でも，この猛烈で極端な変化の波をもう少し穏やかに平坦に戻す必要があるのではないでしょうか。思い込みや熱狂を戒めながら，冷静で客観的で科学的な行為や歴史を学ぶことで，十分検証がなされた行為を重ねる必要があると思います。

5. 近代建築とは

　近代の急速な産業構造や経済構造の変化，そして思想や生活の変化に合わせて，建築の世界でもそれまでとは全く異なる建築が西洋で生まれました。これが近代建築，いわゆるモダニズム建築です。19世紀後半から20世紀にかけてそのスタイルが確立されてゆきます。産業革命により工業化された鉄，ガラス，コンクリートを使って建築を作ることが可能になり，それまでのレンガや石を使って時間をかけて手仕事で組み上げる工法から構造や生産の劇的な変化がもたらされました。また工業化，量産化によりそれまでの様式や装飾的な表現を用いることなく，もの側からの論理で無機質にクールに作ることを可能にしました。

　見た目の特徴としては装飾がなく，窓が大きく，構造的な必要性がそのまま外観に現れ

図表5-5　**典型的な近代建築**
メディナス／PIXTA（ピクスタ）

ます。また工業化、量産化によってどんな地域にも同じ生産システムで建築することが可能となり都市の拡大や開発のスピードにも大きく貢献しました。

ゆえに近代建築のそんな性格は近代化を進める多くの国や人々に歓迎され受け入れられ、やがて世界中に広がってゆきます。特に近代建築は機械や空調換気システムとセットで考えられるようになり、暑いアジアにおいて冷房を前提にすることでガラス張りの建物を可能にしたことも普及の大きな要因となりました。

また近代建築はいわゆる今日的な建築家像を確立しました。近代建築家の代表であり、第7章で紹介するル・コルビュジエは、建築を権威や歴史や重力のような重さから解放して、これからの時代や人々の思想のあり方を軽やかに自由に表している建築を発表しました。その建築や建築家の姿がとても眩しく当時の人の目に映ったことは想像に難くありません。

日本もそんな近代建築に魅了された国の代表でありますが、日本における近代の建築の歴史は先ほどの2つの波に連動して2つの種類があります。1つは、明治の最初の上り坂で西洋の建築の旧来の建築を模倣して作られた建築です。それは主に煉瓦造の西洋の旧来の様式建築です。これらは日本においてのみ近代建築と捉えられますが、西洋基準の近代建築（モダニズム建築）とは捉えられません。近代建築という分野でも日本は戦後に突入してゆく下り坂の中で西洋から一歩も二歩も後れをとっていたこと を物語っています。そして2つ目の上り坂、つまり昭和の戦後の戦後の復興から高度経済成長期にまさに世界基準の近代建築（モダニズム建築）が日本において開花します。第8章で紹介するアントニン・レーモンドが日本で設計活動を再開し、戦前に西洋で近代建築を学んだ第10章で紹介する前川國男や坂倉準三らが帰国して本格的な活動を開始して優れた近代

92

建築を数多く生み出し，その後日本の近代建築は国際的な評価も獲得してゆきます。

そんな日本における近代建築の一見輝かしい歴史も，先に述べた激しい2つの波によって翻弄されてゆきます。2つの建設と崩壊の歴史はすなわちスクラップアンドビルドの歴史でもあります。第1の上り坂に建設された西洋的様式建築も，第2の上り坂に建設された近代建築も，下り坂では時代の流れや自然災害に対応することができずにその多くのものが取り壊されてしまうのです。上り坂の時には十分維持管理ができると思っていたのに，下り坂になり経済的余裕がなくなると十分な維持管理ができずに壊されてゆくことになるのです。この急速な時代の変化は建築の持続可能性をも奪ってしまうことも認識しなければなりません。

6．近代建築の反省

世界中にあっという間に受け入れられ発展した近代建築も，近代という時代の功罪と連動して様々な問題を引き起こしてゆきます。作用が大きくなれば副作用も大きくなります。ここでは近代建築の負の側面を考えてゆきます。

まず，近代建築は工業化，量産化により世界中のどんな地域でも合理的に機能的に作られる性格があります。自然風土の関わりよりも，人の個人的な利便性を前提として成立させます。すると地域性は失われて，自然風土との関わりが希薄になってゆきます。日本もどこへ行っても同じような建築が立ち並び，ここがどこなのかわからないような風景が生まれたことが象徴的に物語っています。また急進的に発達した近代建築であるがために，十分な材料や工法の検証がなされないまま，技術と人間の理性を過信してつくられてしまった側面も多々あり，その問題が今日様々な形で露呈しています。第3章でも触れましたが，近代建築を支

えたコンクリートという素材，工法もいまだにその安全性と持続可能性の検証が十分されないままコンクリート建築を大量に気安く生み出してしまいました。ここにも人々の思い上がりと熱狂がもたらす危うさを見ることができます。さらに建築の工業化や量産化により，熾烈な価格競争がおき，それまでの建築を支えた良質な職人技術や職業倫理が崩れてしまいました。

そんな近代建築を批判してモダニズムの反省の上に立つポストモダニズムといわれる動きが1980年代に生まれました。近代建築があまりにも無味乾燥としたものになり，また地域性や風土性や個別性を欠いたことへの反動で，近代建築には見られなかった過剰な装飾や特異な表現が用いられました。

しかし当時の経済的余裕や消費社会の影響下，ポストモダニズムは単なる商業的な一過性のデザイン合戦に陥り，かつ近代建築の本当の良さを見つめることなく表層的，視覚的な演出に終始し，そのムーブメントは経済の崩壊とともに消えていったという歴史も知っておく必要があります。

7. 本書で取り上げる近代建築家

さて本書で取り上げる近代建築の黎明期を支えた建築家は，ポストモダニズムの表層的な近代建築批判が提唱されるずっと前から，近代建築の可能性と危険性，光と闇，作用と副作用を慎重に捉え，考えていました。得体の知れない時代に希望を抱いていたと同時に警鐘も鳴らしていました。近代や近代建築への称賛と批判を当時からできていたことが，建築に厚みと深さを与えているのです。つまりそれらの優れた建築家はモダニストであり，同時に真のポストモダニストであったのです。

盲目的に近代を過信することなく，それまでの歴史や風土や人の心身

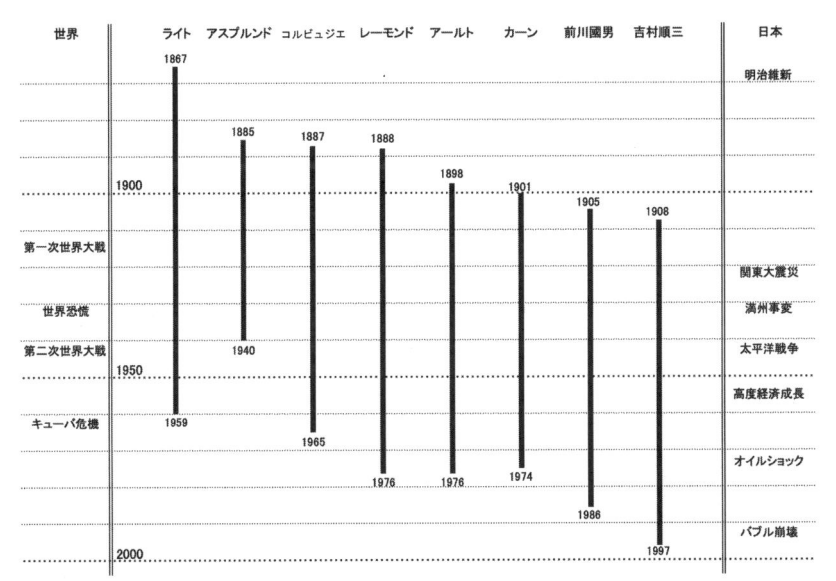

図表5-6　本書で取り上げる近代建築家が生きた時代

を具に観察し，過去と現在を鮮やかにつなげました。その思想から生み
出された建築は，現代において賞味期限が切れるどころか，ますます今
後の私たちが向かうべき未来を示し大きなヒントを与えてくれるので
す。

　そして重要なことは，何十年にもわたって今でも多くの人に愛され使
われ続けている事実です。それは"近代"や"現代"という枠組みや概
念を超えた魅力があるからでしょう。

　どんなに人の理性によって論理的につくられていても，どんなに時代
をとらえていても，その建築を訪れた時の情感が乏しければ人に感銘を
与えることにはなりません。情感とは人の気持ちが動くということで
す。そんな気持ちに働きかける建築を，気持ちを大切にして見つめてゆ
きたいと思います。

参考文献

渡辺京二『近代の呪い』平凡社新書　2013年

6 │ フランク・ロイド・ライトの自然観
近代建築の開拓者と日本

堀部安嗣

《**目標＆ポイント**》　ライトがアメリカで生まれた時代はまさに江戸時代の最後であり，まさに近代とともに生きた代表的近代建築家です。同時に近代建築への警鐘もいち早く鳴らしながら，独自の有機的建築を数々生み出しました。また日本建築や美術から影響を受け，かつ日本の近代に絶大な影響を与えた秘密を探ります。
《**キーワード**》　プレーリーハウス　帝国ホテル　浮世絵　有機的建築
ヒューマンスケール　落水荘　ユーソニアンハウス

1. 近代建築家としてのライトの独自性

　ル・コルビュジエやミース・ファン・デル・ローエと並んで近代建築の巨匠の一人であるフランク・ロイド・ライトは世界に多大な影響を与えた建築家として揺るがない評価と地位を確立しています。しかしその波瀾万丈な人生や，その言動から察する傲慢さと謙虚さが同居した激しい性格，そして天才的な数々の表現からライトの人や作品を一言で簡単に語ることは大変難しいことです。しかしライトの功績や良心を捉

図表6−1　フランク・ロイド・ライト

えなければ，近代や建築を正確に知ることはできません。ここではライトと日本の関係を話題の軸に据えて建築と近代と自然の関係を考えてゆきたいと思います。

　他の西洋の建築家と比較して，ライトは日本との関係が非常に密接です。言い換えれば日本との出会いと関係がなければライトの作風はまったく別のものになっていたでしょう。また，近代に生まれた素材，工法である鉄筋コンクリート，鉄，ガラスを駆使し，それまでにはなかった造形や空間を生み出したという点においては紛れもない近代建築家であったのですが，その作風はいわゆるモダニズム建築とは趣が異なります。モダニズム建築が地域性や自然との関係を希薄にしていった反面，ライトはその自然と建築の一体を目指しました。自然からインスピレーションを受け，自然と対話を繰り返し，そして自然とともに建築を成長させてゆくその手法と考え方をライトは“有機的建築”と呼び，その大切さを当時から提唱していました。

　そしてその思想に至るには日本の自然観の影響が大きかったことが知られています。つまり“西洋と日本の近代”の特徴や歴史を見つめる上でも，ライトと日本との関係を紐解くことがとても有効になってくるのです。ライトは後述する帝国ホテルの設計の監理のために数回にわたって日本を訪れることになりますが，1905年ライトがはじめて日本を訪れた時の第一印象を次のように語っています。

　〜この国（日本）を知らない人は，山がちの険しい土地を想像してください。海が非常に高いところまで上がってきたために，なだらかな斜面が全て海底に沈んでしまいました。だから海岸線はどこも絶壁です。今は朝です。黄金色の空が青海原の上に広がり，遠くに小舟の白い帆が見えます。まるで海に浮かぶ白い鳥のようです。木の中に作られた鳥の

巣のように，山の隅にひっそりと並ぶ茅葺きの家の集落が見えます。植物のようにぴったりと急斜面に張り付いた家があります。振り向くと，船を漕ぐ漁師たちの，朝日を浴びて赤銅色に輝く肉体が見えます。顔を戻すと，畑で働く農民が見えます。藍色の動いている点です。それらの点は花や鳥のように自然の中で生きています。鳴くこともなく，香りも出しませんが，本物の人間です。〜

　まるで箱庭のような濃密で美しい自然の中で，自然と一体化して働く漁師や農民の姿を動植物のような存在として見つめているライトの眼差しのあたたかさと，その光景を目の当たりにした時のライトの驚きを文章から感じます。このような風景や仕事のあり方は西洋ではおそらく見ることはできなかったのだと思います。ちなみにフランス語で "仕事" を意味するトラバーユ（travail）という言葉がありますが，その語源は束縛や牢獄にあります。つまり西洋人にとって仕事とは苦痛であり，耐え忍ぶというイメージが潜んでいます。ライトが見た当時の日本人の働く姿は，そんなイメージとは全く異なるものであったことと想像がつきます。あたかも動植物の営みと同じように自然と生き物をつなぐ行為がそのまま仕事につながっているような印象であったのではないでしょうか。仕事とは誰かから頼まれることであり，束縛されることであり，あるいはお金を稼ぐ行為であるという認識が常態化する前の光景が当時の日本には色濃く存在していたのだと思います。

　次に，ライトの講演の中でライトが好きだった修学院離宮について言及した部分を紹介します。

　〜修学院離宮には，山並み，川の流れ，岩などの雄大な自然があり，その喩えようもない美しさが，徐々に人間の介在する町や村の家並みに

同化してゆく様子は素晴らしい。もし何かの疑問，例えば建築が自然とどう関わり合っているかなどの疑問が沸き起こったら，修学院離宮から学ぶとよいだろう。この国（アメリカ）にはよい例がないから。その庭園は，世界でも優れた雄大な芸術品のひとつで，自然を最高の形で活かした建築と言える。自然が徐々に建築へと発展しているのが見てとれるだろう。〜

　ライトのみならず当時日本を訪れた外国人は，自然と人工物と人の営みの親密な関係に同じような驚きと評価を表しています。しかし，当時から現在に至るまで私たちは身近に存在している価値に自ら気付いたり評価することなく，むしろ手に入れていない西洋の価値に憧れを抱き，そして身近にある美しいものを捨てて遠くにあるものを手に入れてゆこうとする体質があります。ライトのこのような言葉に代表される当時の日本への評価を聞いて誇りに思うのではなく，むしろ美しいものや価値あるものを自らが手放してしまったという現実を恥ずべきことと捉えなければならないでしょう。それほどまでに日本は自然を軽視し，自然を破壊してきてしまいました。

2．ライトの生涯

　さてライトの略歴を簡単に振り返りながらライトと日本との関係を紐解いてゆきます。そして捉えにくく近寄り難い希代の天才に親近感とわかりやすさを抱けるように近代とライトと建築を見つめてゆきたいと思います。

　ライトは1867年にアメリカ・ウィスコンシン州に生まれます。州の陸地の半分が森林である自然豊かな美しい所です。坂本龍馬が暗殺されたのが1867年，そして明治元年は1868年ですからライトは日本における近

代の始まりとともに生まれ，時代を生きたこともライトと日本の関係に何か深い因縁を感じます。

　ライトは20歳の時，アメリカの建築家ジョゼフ・ライマン・シルスビーに師事します。日本美術の恩人であり岡倉天心と深い繋（つな）がりがあったアーネスト・フェノロサとシルスビーが従兄であったことがライトと日本の関係のはじまりであったようです。その後建築家ルイス・ヘンリー・サリヴァンに師事した後独立します。1893年にはフェノロサの影響から日本の浮世絵にすっかり魅了されたライトは初めて浮世絵を購入し，以来日本美術の収集家になってゆきます。浮世絵を単なる美術品として愛したのではなく，浮世絵に描かれている美しい自然と人と人工物との関係にライトは自身の建築のヒントと理想の姿を見たからではないかと思います。そして同年にはシカゴ万博があり，そこで建設された宇治の平等院を模した鳳凰殿にも大きな感銘を受け，その後作られるライト設計の住宅には浮世絵や鳳凰殿の影響が色濃く見られるようになりま

図表6-2　シカゴ万博の鳳凰殿

す。

つまりライトにとってサリヴァンの次に"日本"が建築の師匠になったのです。その後プレーリーの自然と調和するプレーリーハウスを発表します。

それまでのボザールやヴィクトリアといった重苦しい様式を脱却して，民衆の等身大の生活を見つめて民主主義の時代に相応しい明るい建築を目指そうとするライトの姿勢は，まさに近代を生きる建築家としての特徴を色濃く表しています。低い屋根が水平，深い軒，横長の窓，白木の木材，仕切りのない広々とした空間，そして暖炉といった小さいけれど美しく理想の住まいの形を追求してゆきますが，その頃建てられた住宅が今でも現存して現役であるものも少なくないことがライトの住宅の特徴です。人々にとっての"理想の住まい"の姿と時代を超えて深くつながっているのではないでしょうか。日本建築や浮世絵からインスピレーションを受け，そしてアメリカの民衆に受け入れられたライトには多数の仕事が舞い込みます。ライトの30歳代は順風満帆な第一期黄金期と言われています。しかしライトが40歳を超えると私生活のスキャンダルや凄惨な事件が重なり，ライトの社会的な地位は凋落します。仕事も最愛の女性も失い，多額の借金を抱えます。そして失意のどん底にあったライトを救ったのが日本でした。浮世絵仲間のフレデリック・グーキンが，当時の帝国ホテル支配人の林愛作に新館の設計者はライトが相応しいと推薦するところからライトと帝国ホテルの関係が生まれます。

本国では仕事や社会的な信用のない中，遠く離れた大好きな日本でホテルの設計ができるわけですから，なんとしてもこの仕事を獲得して実現させたいとライトが並々ならぬ意欲を持ったことは想像に難くありません。また帝国ホテルの設計によって様々な日本人との関わりが生まれ，林愛作邸や山邑邸，自由学園明日館など帝国ホテル以外の建築も日

本で数多く手掛けることになります。一方，ライトが50歳半ばを過ぎる1920年以降から，建築の潮流はインターナショナル・スタイルに移ってゆきます。いわゆる箱型で装飾がなく，ガラスを多用したモダンなスタイルです。ライトの建築にはモダンで合理的な側面があるのと同時に自然や風土との呼応や数々の装飾が散りばめられたモダンスタイルとは異なる側面も多々あるため，やがてライトの建築は時代遅れで過去のものであるというレッテルを当時の建築界から貼られるようになります。ライトの40〜60歳代，つまり建築家として働き盛りの頃はライトにとっての試練の時代であったのです。並の人間であればそれで建築家人生は斜陽となって終わるところですが，ライトはその後奇跡の復活を遂げます。それまでの作品に比べて装飾が少なく，構造の表現を先鋭化させた落水荘の完成によってライトは再び建築界の最前線に躍り出て，ライトの第二期黄金期がはじまります。新しい時代のモダニズム建築としてしっかり認識されると同時に今までの自然との密接な関係を融合させた表現はライトが70歳を過ぎて確立されます。

　その後はそれまでの不遇の時代を取り戻すかのような破竹の勢いでジョンソン・ワックスビル，ユーソニアンハウス，プライスタワー，グッゲンハイム美術館など近代を代表する建築を数々設計し，その制作意欲は衰えないまま91歳で1959年に亡くなります。

3．帝国ホテル

　ライトは生涯に多くの建築を生み出しましたがアメリカ以外で建物をつくったのは日本だけです。日本でもライトは建築関係者以外に名を知られる稀有な建築家で，それは「帝国ホテル」※1を設計したからにほかありません。この帝国ホテルが日本の建築に与えた影響は計り知れないものがあります。歴史に "たられば" はありませんが，ライトが帝国

図表 6 - 3　愛知県犬山市の「博物館 明治村」に移築された
帝国ホテル正面玄関

ホテルを設計していなければ，設計助手として来日に同行し，第 8 章で
紹介するアントニン・レーモンド[2]が後に日本を舞台に活躍し，多く
の弟子を育てることもなかったでしょう。また，レーモンドの弟子のひ
とりであり，第 9 章で紹介する吉村順三[3]は，中学生のときに叔母に
連れられて帝国ホテルに食事に行き，その空間に感激して建築家を志し
たそうです。

　日本の建築界にあまりにも大きな影響を与えた帝国ホテルですが，建
設は困難を極めました。

　建設中度重なる工事費の膨張や工期の遅れから支配人林愛作が辞任す
るなど混乱が続きました。これもライトの完璧主義やこだわりが招いた
結果であると思いますが，しかし建物完成後に起きた関東大震災の揺れ
と火災で多くの建物が壊滅的な被害を受ける中，ライトの帝国ホテルは
わずかな損傷を受けただけで倒壊を免れることで，人々はこのホテルに

敬意と信頼を抱くことになります。意匠的にも"東洋の宝石"あるいは"この建築は古代の精神を近代建築に表現した最高傑作"と評価されます。国内外からの多くのゲストに利用され，そして愛されたライト館も1968年にわずか45年で取り壊されてしまいます。第 1 章で述べたとおり，日本の時代の波や変化があまりにも激しいことが，建物が存続できない大きな理由です。ライト館の45年には太平洋戦争などあまりにも大きな社会の変化がありました。また戦後の人口の急増や社会構造の変化により土地の価格が高騰し，低層のホテルでは採算がとれなくなってしまうのです。現代では日比谷ではその姿を見ることはできなくなってしまいましたが，しかし正面の玄関部分のみは今も愛知県犬山市の「博物館　明治村」で見ることができます。わずかな部分ですが，それだけを体験してもライトの空間構成の巧みさとスケールの心地良さは感じられると思います。さて，ライトの帝国ホテルを写真で見ると，装飾がまず目に飛び込んできますが，明治村で実物を見ると装飾の印象は陰をひそ

図表 6 - 4　「博物館　明治村」にある帝国ホテルのロビー

め，空間構成の巧みさや快適さが浮き上がってくるのが不思議です。

　写真ではまた，大きな空間に見えるかもしれませんが，基本的には各スペースはとてもコンパクトで，身体の延長のように感じます。ライトの設計で現存する東京・西池袋の「自由学園明日館」でも，同様の感慨をもちます。建物だけでなく家具や食器も同時に設計したのもライトの大きな功績で，この建築家が建物のみならず家具や調度品までも設計をするという建築家の体質も後の世代に受け継がれてゆきます。

4. 落水荘

　落水荘※4はおそらく世界で最も有名な個人住宅で，ライト晩年の傑作です。鉄筋コンクリート造のキャンティレバー（片持ち梁）構造で，流れる滝の岩棚の上に，石積みの壁からテラスの床が大胆に張り出す見上げの外観写真がよく知られていますが，あの姿はあくまで撮影，鑑賞用のスポットから見たもの。実際には滝の上流にある橋を渡って建物にアプローチします。当時クライアントのカウフマン一家が週末を過ごすために訪れていたときも，あの有名なアングルで建物を目にすることはほとんどなかったでしょう。

　実際に訪れると落水荘も想像の7割くらいの大きさに感じます。そのような錯覚は高さに起因します。落水荘はバルコニーの手すり

図表6-5　落水荘

が60cmほど，テラスに面した居室の天井高も2m前後と非常に低い。一方，今の日本では通常，バルコニーの手すりは1m10cm，居室の天井高は2m40cmなので，その尺度で写真に写った建物の大きさを自動的に換算してしまい，実際とのギャップが生まれるのです。

　玄関は建物の裏に回り込んだ山側に，ひっそりとありました。カウフマンは大富豪だったのに，勝手口のようにささやかな玄関です。当時のアメリカで，別荘とはいえ大富豪の邸宅にこんなに目立たない玄関はあり得なかったでしょう。そこにライトの哲学を感じます。緑豊かなこの環境においての主役は人間ではなく自然なのだと伝えたかったのではないか，人間の見栄のための玄関は野暮だと考えていたのではないか。そんなふうに想像しました。

　玄関の右手では山の湧き水がチョロチョロと音を立て，左手からは滝の音も響き渡ります。これから水の世界に入りますよ，というような雰囲気に満ちていて期待が膨らみます。

図表6-6　落水荘　玄関

　建物は3階建てで，1階に玄関と居間，食堂，台所，メイドルーム，2階に主寝室と客用の寝室，3階に書斎と息子の寝室があります。内部は鉄筋コンクリートのキャンティレバーによって開放的につくられた空間と，石に囲まれた閉鎖的な空間によって構成され，双方を行き来するような構成です。開いた空間では水の音が大きく，閉じた空間では小さくなり，空間が広がったり縮まったりすることと，音の抑揚やリズムが連動し，まるでシンフォニーを聴いているような感覚になります。落水荘が音楽的な建築と言われるゆえんです。

　そもそもカウフマンは滝を眺める別荘をつくってほしいと頼んだそうですが，ライトは滝の上に建てたので，視界から消えてしまいました。けれども，音などから滝の存在を建物のそこここで感じることができます。その方が自然をより身近に感じ，自然が生活に溶け込むというのがライトの考えだったのでしょう。

　建物は西部ペンシルベニア州保存委員会が丁寧に管理していて，内部にカウフマンが暮らしていた当時の設え（しつら）を保存しています。日本には落水荘より，もっともっと古い近代以前の古建築がたくさんありますが，歴史の浅いアメリカにはありません。そのため落水荘は貴重な文化財として国宝のように扱われ，見学者には建築関係者以外の姿も多く見られました。アメリカの一般の人たちが金閣寺のような観光地を訪れるかのように集まってきています。

　落水荘の暖炉の下に見える岩は，この敷地にもともとあったものをそのまま利用しています。敷地を初めて訪れたライトは，建物のメイン・フロアー・レベルはどこにしましょうか？と弟子に尋ねられ，あそこに見える岩の天端（てんば）をフロアー・レベルにしようと答えたそうで，その通りになっています。

　そして暖炉のあるあたりが岩盤になっており，その岩盤の上に土木の

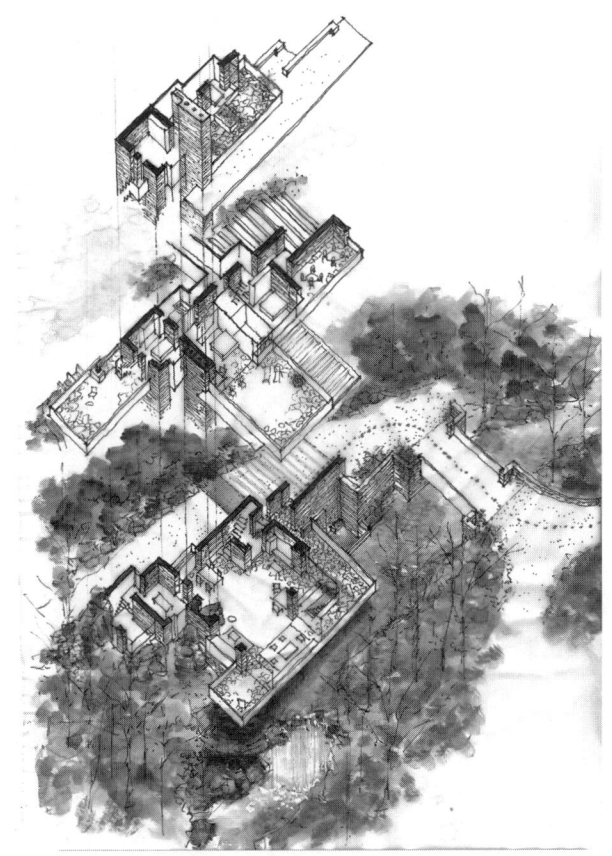

図表6-7 落水荘 各階構成スケッチ

橋梁工事にでも使われそうな大きな土台が3本据え付けられ，その上に弁当箱の蓋をひっくり返したような形の鉄筋コンクリートの版が階層ごとに設置されています。弁当箱の蓋の縁の折り返し部分が張り出した各テラスの手すり壁になり，逆さに向いた梁として構造の役割を担っています。コンクリートの版にはさらに逆梁が数本入り，構造を強化してい

図表6-8　落水荘　暖炉

ます。

　また，2階，3階はかなり山側に寄せられており，それによって建物の重心が後ろに置かれ，全体のバランスを取っています。石積みの壁は石積みを型枠とした鉄筋コンクリートの壁です。この工法は手間やコストは掛かりますが，型枠を外す必要もなく，その後の仕上げ工事も必要としない合理的なやり方です。

　このように敷地に存在していた岩をそのまま活かして建物の基礎とする，建物の重心を後ろに取る，石積みを型枠としたコンクリートを試みる，梁を逆さにするなど，理に適った敷地の形質への洞察と構造計画によってこの建物が成立しているところも見逃せません。当時は新しい構造だった鉄筋コンクリート造の原理や特徴，可能性をライトはこの時代からすでに見抜き，自分のものにしていたといっていいでしょう。

　アメリカ人の見学者が写る居間の写真を見ると，天井の低さをおわかりいただけると思います。大富豪の邸宅でこんなに天井が低いことは当

図表 6-9　落水荘　断面スケッチ

図表 6-10　落水荘　居間

時タブーだったと推測しますが，それをねじ伏せて実現してしまう手腕もライトならではだと思います。居室の天井は高ければ高いほどいい，という常識を覆してゆきます。もちろん，低い天井による圧迫感や閉塞感はプロポーションのよさや開口部の寸法やデザインによって感じさせません。

　鉄筋コンクリートのキャンティレバーにより，建物が垂直の柱や壁から解放されたことから可能になりました。このように景色を横長に捉える開口部は，日本人は昔から目にしていますが，落水荘は葛飾北斎が描いた滝の浮世絵から着想を得たのではないかと言われ，ライトがほかに設計した建物も浮世絵や日本の古建築との類似点を多くの研究者が指摘しています。川や湖，海といった水の上に建物をつくることは，当時のアメリカでは衝撃的だったかもしれませんが，安芸の宮島や京都の金閣寺，岡山の後楽園の流店，あるいは京都貴船の川床などに見られるように，日本人には特に目新しい建物のあり方ではありません。

　ライトは落水荘と同時期に，一般的な所得層向けの小さな量産型住宅「ユーソニアンハウス」※5の設計に取り組み，それらにはすべて床暖房が標準装備されています。大金持ちの家だけではなく庶民のためにも同じ精神で，極めて質の高い住宅を設計したことも，ライトの人間性がうかがえる重要な側面です。

5. ライト建築の特徴

　ライトはそれまでに見られない新しい空間構成を数々生み出しました。ライト以前の住宅は居間や食堂，寝室をきっぱり区切り，廊下やドアでつなげる構成しかなかったように思いますが，ライトは各部屋の境界を曖昧にし，流れるように連続させ，どこからどこまでが居間なのか，あるいは食堂なのかがわからないようにしたのです。また，ひとつ

の部屋の中に書斎コーナー，ソファコーナー，暖炉コーナーのような"アルコーブ"をつくることもライトの十八番です。

　平面構成はもちろんのこと，断面においても緩急を駆使し，抑揚のあるスペースを動線に合わせて流れるようにつくっています。各階が半層ずつずれながら連続する，いわゆる"スキッププラン"を得意とし，それぞれの部屋は異なる階にありながらも気配を伝え合えるようにした計画がよく見られます。平面においても断面においても全体が相互に作用をおよぼしながら，各部屋が黒，白ときっぱり分かれるのではなく，グレーが階調豊かに存在する空間構成と言えばいいでしょうか。ゆえに階段の昇降が苦にならず，平面の移動はもとより上下の移動もとても快適です。

　それぞれの部屋の境界を曖昧にすることや，アルコーブやスキッププランのような空間構成を取ることは今でこそ珍しくありませんが，当時はとても斬新だったのでは，と推測します。ライトが意識的にやりはじめたことで今の住宅では定番になっていることは多々あります。例えば窓際にある造り付けのソファやテーブルはそのひとつでしょう。ほかにも，外部の素材を内部にそのまま連続させ，ガラスが壁に飲み込まれたようなサッシレスの開口部のディテールで内外を連続させるのもライトが先駆者だったのではないでしょうか。これにより，どこまでが内部でどこからが外部なのかも曖昧にし，あたかも自然と建物が一体化したような雰囲気をつくり出しています。

　構造計画や設備計画も，ありとあらゆることを試み，実現させ，そして成熟させています。草分けをすると同時に草も刈ってしまったような，そんな印象を私はもっています。韓国のオンドルにヒントを得た床暖房もライトが日本で初めて帝国ホテルに採用し，その後，一般の住宅に取り入れて普及させています。ライト以前とライト以降で，建築の様

相はがらりと変わってしまったといっていいでしょう。

　家の中心に暖炉を設けるのもライトの特徴です。家のヘソにあたる部分に火があると，住まいの原点のようなものをより濃く感じることができます。ライトは近代建築にも暖炉の必要性を強調し，人の生活に不可欠な火，緑，水の存在を十二分に活かした建築を設計しています。ゆえにライトの住宅はどこか人間の"巣"を感じさせる原初的な雰囲気をもっています。

　ライトの偉大さはそのデザインや手法が今はもう"当たり前になっている"ことにあります。ライトの建築は一見，癖が強く，独創的に感じてしまいます。また，表層の装飾の表現には好き嫌いがはっきり分かれることもあるでしょう。さらに常人離れした才能と数々のアイデアによって，"これはライトにしかできない芸当だ"というようにも捉えがちです。もちろんライトにしかできなかったことも多々あると思いますが，見方を整えて，ライトの表層の奥にある根元を捉えることができれば，時流を超え，普遍的かつ本質的な建築をつくろうとしていたことがわかってきます。

　事実，ライトが試みた新しい表現や空間構成はその後，誰もが使えるものとして，次代に確実に受け継がれてゆきました。そのアイデアがその人だけのものに終わっているのではなく，建築の専門家だけのものに終わっているのでもなく，みんなのものになっているという有用性と応用力，包容力があります。また，ライトが当時から鳴らしていた建築への警鐘は，建築が無味乾燥となり，人の身体や自然との関係が希薄になってきた今でこそ説得力をもって響いてきます。

　ライトはつくった建築の表現の多さや前述してきたような波瀾万丈な人生から，さまざまな側面をもつ人だったと察するのですが，つくった

建物を見ると，人に対する信頼感や公平な眼差しが共通してあるような気がしてなりません。そして建築にとって最も大切な人と自然との関係にも時流を超えた一貫した哲学がありますし，多彩な表現，大小の規模の建物を設計しているにもかかわらず，常にヒューマンスケールを外しません。人と自然の接点にある建築をしっかり見つめ続けたからでしょう。そこから生まれるライトの良心が建物の表現に溢れています。

　そしてその思想の土台にはライトが生まれ育ったアメリカ・ウィスコンシン州の森と日本の自然観との幸福な出会いがあったからだと思います。自然の延長にある建築を見つめることのできる環境を自らの手でしっかり開拓し続けたことが，ライトを希代の近代建築家に引き上げ，時代や国籍を超えて人々に感銘を与え続けている所以なのではないかと思います。

※1　【帝国ホテル】　1890年開業。1916年に新館（ライト館と呼ばれる）建設が決まり，ライトが来日。1919年に新築工事が始まり，1923年に落成。ただしライトは完成を見ず，前年に帰国していた。ライト館は鉄筋コンクリート造および煉瓦コンクリート造で，地上5階・地下1階建て。1967年に客室を全面閉鎖し，正面玄関部分が愛知県犬山市の「博物館 明治村」に移築された。

※2　【アントニン・レーモンド】（第8章で紹介）　1888〜1976年。現在のチェコ出身の建築家。プラハ工科大学卒業後，渡米。1916年ライトの事務所に入所。1922年独立し，東京にレーモンド事務所を開設。代表作に「東京女子大学礼拝堂」「イタリア大使館日光別邸」など。軽井沢のアトリエ（夏の家）は現在，「ペイネ美術館」として利用されている。

※3　【吉村順三】（第9章で紹介）　1908〜97年。1931年東京美術学校（現・東京藝術大学）卒業後，レーモンドに師事。1941年吉村順三設計事務所を開設。1962年東京藝術大学教授に就任し，後進の指導に努める。代表作に「奈良国立博物館新館」「ポカンティコヒルの家（ロックフェラー3世の家）」「八ヶ岳高原音

楽堂」など。

※4 【落水荘】 百貨店「カウフマンズ」の創業者一族であるエドガー・カウフマンの別荘。アメリカ・ペンシルベニア州のピッツバーグ郊外に建つ。ライトはカウフマンの息子の建築の先生であったことから，設計の依頼を受けた。カウフマン邸とも呼ばれる。

※5 【ユーソニアンハウス】 1936〜1943年にライトの設計により実現した58余の小住宅群の総称。命名は，作家サミュエル・バトラーの著書にある理想郷としてのアメリカの呼称「ユーソニア」からの引用による。第1号は「ジェイコブス邸」。ライトは活動期間が長かったため，プレイリー・スタイルによる住宅を前期，ユーソニアンハウスを後期として語られることが多い。

参考文献

堀部安嗣『建築を気持ちで考える』TOTO 出版　2017年

大久保美春『フランク・ロイド・ライト—建築は自然への捧げ物—』ミネルヴァ書房　2008年

明石信道・村井 修『フランク・ロイド・ライトの帝国ホテル』建築資料研究社　2004年

中村好文『住宅巡礼』新潮社　2000年

7 | ル・コルビュジエ
その原理性と革新性をめぐって

松隈 洋

《**目標＆ポイント**》 近代のモダニズム建築に多大な影響を与えたル・コルビュジエ。工業化が急激に進んでいく時代背景のなかで建築の原理・原則を追求し，多くの作品や都市計画を発表しました。「新建築の5つの要点」などの思考が現代にどのように繋がっていくのかを考えます。

《**キーワード**》 国立西洋美術館　サヴォア邸　ユニテ・ダビタシオン　ドミノ　モダニズム建築　都市計画　モデュロール

1．ユネスコ世界文化遺産登録の意味

　2016年7月17日，国連の教育科学文化機関のユネスコは，東京・上野に建つ国立西洋美術館（1959年）を含むフランス人の建築家ル・コルビュジエ（1887～1965年）の建築作品群を，「近代建築運動（Modern Movement in Architecture）への顕著な貢献」との評価により，世界文化遺産に登録することを決定します。

　登録されたのは，フランス，スイス，ドイツ，ベルギー，インド，アルゼンチンと日本の計7か国に現存する17件の建築でした。この発表により，それほど一般には知られていなかった彼の名前や国立西洋美術館に注目が集まったと言えるでしょう。けれども，アルハンブラ宮殿やシャルトル大聖堂，あるいは日本の法隆寺や清水寺のような歴史的な建造物ではなく，20世紀の鉄筋コンクリート造のごく身近な存在の建物が

図表 7 - 1　ル・コルビュジエ「国立西洋美術館」1959年
撮影／筆者

なぜ世界遺産に選ばれたのだろう，と不思議に感じた人も多かったので
はないでしょうか。もちろん，20世紀の建築としては，スペインのアン
トニオ・ガウディのサグラダ・ファミリア教会等の作品群，スウェーデ
ンのグンナール・アスプルンドの森の墓地，ドイツのブルーノ・タウト
らのベルリンの近代集合住宅群，ワルター・グロピウスのバウハウスと
関連遺産群，ブラジルのオスカー・ニーマイヤーの新首都ブラジリア，
オーストラリアのヨーン・ウツソンのシドニー・オペラハウスなど，す
でに16件が世界遺産に登録されています。けれども，今度のように，単
体ではなく，ル・コルビュジエという 1 人の建築家が手がけた世界 7 か
国にわたる17件の建物を一括して登録するというかたちは，それまでに
はありませんでした。このことは，私たちの身近な生活環境の基本とな
る考え方を提示したル・コルビュジエの先駆的な仕事に対する世界的評
価の現れにほかなりません。同時に，それは，彼が主導的に切り拓いた

20世紀のモダニズム建築（Modern Architecture）が，古代遺跡や歴史的建造物と同等の価値をもって，人類の貴重な共有財産として取り扱われる時代に入ったことを意味しているのです。

　さて，それでは，ル・コルビュジエがこのような高い評価を受けたのは，なぜなのでしょうか。そこで，ここでは，世界遺産に選ばれた代表作のサヴォア邸（1931年）をはじめ，集合住宅のユニテ・ダビタシオン（1952年），ロンシャンの礼拝堂（1955年），ラ・トゥーレットの修道院（1960年）など，多くの名作を遺した彼が，どのような時代背景の下で，何を目指し，いかなる方法を提示しようとしたのか，その原理性と革新性について概説し，彼の仕事が現代に対してどんな意味を持っているのか，について考えてみたいと思います。

図表7-2　ル・コルビュジエ「サヴォア邸」1931年　アフロ

図表 7 - 3　ル・コルビュジエ「ユニテ・ダビタシオン」1952年
アフロ

図表 7 - 4　ル・コルビュジエ「ロンシャンの礼拝堂」1955年

図表 7 - 5　ル・コルビュジエ「ラ・トゥーレットの修道院」
1960年　　　　　　　　　　　　　　　　　　　　アフロ

2. 建設技術の進歩と20世紀初頭の社会問題

　私たちの身の回りにある現代の建築は，その多くが鉄筋コンクリート
造や鉄骨造でつくられています。鉄筋とコンクリートを組み合わせるこ
とによって，強い強度を持つ鉄筋コンクリートという全く新しい構造体
が開発されて実用化されたのは，特許出願の相継いだ19世紀半ばのこと
でした。また，同じ頃に，鉄骨建築に使用される鋼鉄（スティール）が
安価で大量生産されるようになり，大型ガラスの製造も始まります。こ
のような建築の構造体の転換と建築材料の進歩を象徴するのが，1851
年，ロンドンで開催された第 1 回万国博覧会の会場に建てられた鉄骨の
フレームと大型ガラスで覆われた水晶宮（クリスタルパレス）であり，
1889年，フランス革命100周年を記念してパリで開催された第 4 回万国
博覧会の際に，錬鉄で建設された高さ約312mのエッフェル塔です。さ

らに，1894年にアスファルト防水の技術がアメリカで発明されて，勾配屋根のない平らな屋上を生み出すことが可能となるのです。これらの建設技術の格段の進歩により，20世紀初頭に，それまでの石造やレンガ造ではなく，鉄筋コンクリート造や鉄骨造の建築が本格的に建てられるようになりました。こうした流れの中で，旧来の様式建築に代わり，現代の生活環境を形づくる建築の始まりとなるモダニズム建築（Modern Architecture）が，1920年代に登場していきます。ル・コルビュジエは，このような時代背景の下で，建築を志すことになるのです。

3．初めての著書『建築をめざして』の結語の意味

　後年に私たちの知る「ル・コルビュジエ」と名乗ることになる本名シャルル・エドゥアール・ジャンヌレは，1887年10月6日，スイスの北西部，フランスとの国境地域をなすジュラ山脈の南麓に位置し，伝統的な時計製造業で栄えたフランス語圏の小都市ラ・ショー・ド・フォンに生まれています。その旧市街は，隣接するル・ロクルの中心市街と共に，「時計製造業の都市計画」として，2009年，ユネスコの世界文化遺産に登録されます。彼の父ジョルジュは時計職人，母マリーはピアニスト，兄アルベールはヴァイオリニストで後に作曲家となるなど，芸術家一家でした。幼少期の息子が絵に熱中するのを見ていた父ジョルジュは，ごく自然に，エドゥアールが家業を継ぐものと考えたようです。また，アルペン・クラブの会長でもあった父は，長時間の椅子に座っての時計職人としての仕事の息抜きもかねて，自由時間の大半をトレッキングや登山に費やし，この小旅行に息子を連れていき，自然の壮大さにも触れさせていました。そんな環境の下で伸び伸びと育ったエドゥアールは，父の期待どおり，時計の彫金工を志し，1902年，地元の美術学校に入学します。しかし，そこで出会った恩師シャルル・レプラトニエの感

化と励ましにより，建築家を目指すことになるのです。背景には，視力の弱かったエドゥアールには細かすぎる時計職人の仕事は困難との判断もありました。実際，1918年に網膜剥離で左眼を失明することになります。

　こうして，エドゥアールは，独学で建築を学び始め，1908年にパリを訪れて，フランクリン街のアパート（1903年）など鉄筋コンクリート造の先駆的な建築を手がけていたオーギュスト・ペレ（1874〜1954年）の下で働きます。また，1910年には，ベルリンの建築家でドイツ工作連盟の創立メンバーであり，電機総合会社 AEG のデザイン顧問として代表作の AEG タービン工場（1910年）を完成させるペーター・ベーレンス（1868〜1940年）の下で働くなど，最前線の建築家から精力的に学んでいくのです。そして，翌1911年5月から10月まで，友人のオーギュスト・クリプシュタインと共に，ベルリンから『東方への旅』に出発し，中・東欧諸国を経てバルカン半島からギリシャ，イタリアなど地中海沿岸地方をめぐり，故郷とはまったく異なる気候風土に育まれてきた建築に衝撃を受けます。

　セルビア，ルーマニア，ブルガリアの農村のありふれた庶民的な民家やギリシャのアトス半島の修道院，トルコのイスタンブールのモスクなどに魅せられ，最後に長期滞在したアテネのアクロポリスでは，「山の上に王冠のように輝く」パルテノン神殿に打ちのめされるのです。

　こうして，故郷へ戻ったエドゥアールは，1912年，恩師レプラトニエが母校に創設した新設科の講師として教鞭を執るとともに，建築設計事務所を設立し，建築家として歩み始めます。その間，師の推薦もあり，いくつかの住宅の設計を手がけるなど，幸先の良いスタートを切ります。ところが，翌1913年の建設不況と新設科の廃止という事態に遭遇し，苦難の時期を過ごすことになります。そのため，1917年夏には故郷

124

東方への旅

旅の行程

ベルリン、ドレスデン、プラ
ハ、ウィーン、パーツ、ブダ
ペスト、バヤ、ジョルガボ、
ベオグラード、クナシェバ
ツ、ナイチャ、ブカレスト、
チルノボ、ガブロボ、シプ
カ、カザンリク、アドリアノ
ープル、ロドスト、コンスタ
ンチノープル、ダフニ、ブル
サ、アトス、サロニカ、アテ
ネ、イテア、デルフィ、パト
ラス、ブリンディジ、ナポ
リ、ローマ、ポンペイ、ロー
マ、フィレンツェ、ルツェル
ン。

図表7-6　ル・コルビュジエ「東方への旅」の旅程地図
『東方への旅』P.12より転載

　を去ってパリへ移住し，さまざまな仕事で食いつないでいくのです。そ
れでも，そんな最中の1914年に勃発した第一次世界大戦によるベルギー
とフランス北部にまたがるフランドル地方の荒廃した住宅不足の現状を
知った彼は，住宅を構成する床，柱，階段の３つの要素を抽出し，それ
を規格化された鉄筋コンクリート部材として工場生産することによっ
て，大量の住宅不足を解決できる画期的なシステム「ドミノ」の開発に

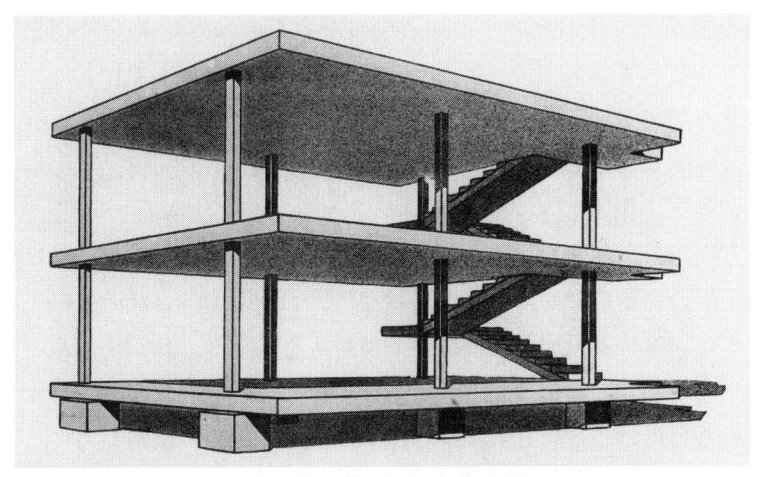

図表 7 - 7　ル・コルビュジエ「ドミノ」概念図
『全作品集第 1 巻』P. 15より転載

着手します。

　このドミノが提示したのは，「自由な平面」，「自由な立面」という建築のまったく新しい姿の概念図でした。すなわち，それまでの石造やレンガ造では壁により建物の荷重を支えていましたが，鉄筋コンクリート造によって，建物は柱だけで支えることができるようになります。そのため，室内の間仕切り壁は不要となり，広い自由な空間が生み出されます。同時に，外壁も不要となり，それまでの外壁に小さく開いた屋外の景色を絵画のように切り取っていたピクチャー・ウインドウではなく，水平に連続する窓を開けることが可能となるのです。

　彼は，このドミノの考え方をさらに発展させて，1926年頃，それによって生み出される「新建築の 5 つの要点」として，ピロティ，屋上庭園，自由な平面，自由な立面，水平連続窓にまとめます。実は，このドミノが図らずも指し示したのは，現代へとそのままつながる建築の革命

的な転換なのです。というのも，彼の求めたものとは全く異なります
が，コンビニエンス・ストアーから超高層ビルに至るまで，私たちの身
近にある建築が，ほぼ同じ原理で造られていることに気づかされるから
です。さらに，1920年，彼は，自らの考えを広めるべく，詩人のポー
ル・デルメ，画家のアメデ・オザンファンと共に，雑誌『レスプリ・
ヌーヴォー』を創刊し，そこに記した文章に，初めて「ル・コルビュジ
エ」と署名するのです。そして，1922年，ペレの下にいた従弟のピエー
ル・ジャンヌレと協同でパリに建築事務所を設立し，1923年，ル・コル
ビュジエとしての最初の著書『建築をめざして』を出版します。

　この著書には，後に有名となる住宅は「住むための機械である」とい
う言葉も記されますが，その結語は，「建築か，革命かである。革命は
避けられる。」と綴られます。この謎めいた文言には何が含意されてい
たのでしょうか。これまで見てきたように，ル・コルビュジエの青年期
は，1905年と1917年のロシア革命や1914年から1918年まで続く史上最大
の第一次世界大戦の起きた過酷な時代にそのまま重なります。彼が故郷
を離れ，移住したパリも，詩人のリルケが『マルテの手記』（1910年）
の書き出しに，「人々は生きるためにこの都会へ集まって来るらしい。
しかし，僕はむしろ，ここではみんなが死んでゆくとしか思えないの
だ。」（大山定一訳／新潮文庫）と描いたような，悲惨な状況にあったの
です。そんな中で，彼は，戦争直後に社会問題化していた都市への人口
集中や住宅不足による生活環境の急激な悪化を前に，建築の工業化，量
産化という建設技術の進歩を梃子に，戦争や革命ではなく，建築による
生活環境の改善を求めて，著書のタイトルどおり，建築をめざそうと決
意したのです。ここで興味深いのは，この著書に掲載された写真です。
工場や穀物サイロを含むあらゆる時代のさまざまな建築の他に，20世紀
初頭に登場した大型客船や飛行機，そして量産化された自動車を取り上

げ，20世紀の建築の手がかりを得ようとしていたことが分かります。そこには，科学技術の急速な進歩によって生み出されたこれらの乗り物と同じように，建築が工業生産によって量産化されることに対する希望的な思いが託されていたのです。

4．建築家を志すきっかけとなった「東方への旅」で発見したこと

　そのような思いを抱いて建築をめざしたル・コルビュジエが，自らの方法を見つけ出す起点となったのが，先に触れた1911年の東方への旅の経験でした。1924年に続いて出版した著書『ユルバニスム』に，彼は，次のように記しています。

　「長い旅の間に，私は建築の強大な力を知ったが，適当な環境を見出すには，苦しい道程を経なければならなかった。脈絡のない遺産の氾濫の中に溺れる建築は，（中略）その感動は弱かった。それに反して，環境によく坐った建築は快く調和を響かせ，深い感動をあたえた。私は，事実によって，教科書から離れて，本質的な要素，ユルバニスム（都市計画）があることを感じた。この言葉を，私は後になってから知った。」

　ここにあるのは，彼が巡り歩いた古今東西の有名無名の建築がつくり上げた環境が好ましいものであるためには，そこに調和がなければならないという気づきです。また，彼の理解する都市計画とは，調和を求めることであったことも分かります。だからこそ，同じ著書に，次のような言葉が綴られていくのです。

　「人間がただ一人，茫漠とした拡がりに向かえば疲れるであろう。都市

の風景を縮小させ，われわれの尺度に合った比例の要素を発明すること
を知らなければならない。（中略）最近の都市計画の膨大な構造はわれ
われを圧し潰そう。われわれとこれら巨大な作品とのあいだに，公約数
がなければならない。（中略）われわれはつねに，人間の尺度を考える
であろう。」

　ここからは，工業化による急激な都市化と建築の巨大化の中で，見失
われつつある「人間の尺度」に注目しようとする姿勢がうかがえます。
そして，彼がどのようにして独学で建築を学ぼうとしたのか，について
は，1929年に南米アルゼンチンに招かれて行った連続講演の記録集『プ
レシジョン』の中で語られた，次のような発言から読み取ることができ
ます。

「人は私を革命家と決め付けます。ここで告白いたしますが，私は今ま
でに唯一の師しか持ったことがないのです。過去という師です。そして
唯一の教育しか受けたことがありません。過去から学び取るということ
です。」

　おそらく，当時も今も，ル・コルビュジエは，それまでの建築の歴史
をすべて否定し，まったく新しいことを始めた「革命家」だと思われた
のでしょう。しかし，この言葉から見えてくるのは，彼が，長い建築の
歴史を見つめながら，その中から，現代へとつながる建築の変わらない
価値を見つめようとしていたことです。そして，そのような眼差しか
ら，同じ講演で語られた，次のような建築を考える道筋をつかんでいく
のです。

「建築とは分析から総合へと至る一連の諸事象の連鎖であります。」

　すなわち，建築の変わらないものとは何か，建築を成り立たせている要素は何か，そこにどのような活かすべき性質があるのか，を分析し，それを総合することこそ，意味のある建築を成り立たせる作業である，と認識したのです。それでは，ル・コルビュジエがどのように建築を考え始めたのか，いくつかのスケッチを通して，見ていくことにしたいと思います。

5. 建築が生み出す価値をめぐって

　彼の発想が面白いのは，建築をどこまでも原理的にとらえ直そうとする眼差しで貫かれていることです。そのことを端的に示す2つのスケッチがあります。1つは，もともと自然界にはない直線だけで構成された人工物である建築を，「長方形のプリズム」と名づけた単純な白い直方体として描き，それをさまざまな風景の中に置いてみたスケッチです。

　このスケッチによって，彼は，構造や素材，装飾の有無とは関係なく，建築が存在することの意味を考えようとしたのです。また，もう1つのスケッチでは，「建築的感動」はいかにして生み出されているのか，が考察されています。

図表7-8　ル・コルビュジエ「長方形のプリズム」のスケッチ
『プレシジョン（上）』P.129より転載

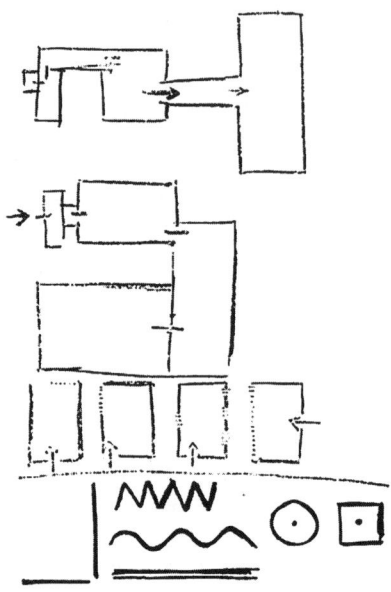

すなわち，ある部屋に入る時の扉の配置に始まり，部屋の大きさや窓の位置，窓の外に広がる風景がどう見えるのか，そして，部屋と部屋がどのように続いているのかに至るまで，人の歩みに沿って次々に展開されていく空間の連続性とリズムが建築的感動を生み出していることを解き明かしたのです。

さらに別のスケッチでは，東方への旅で訪ね歩いたギリシャやローマの古代遺跡の形態が，円柱や四角錐，立方体，四角柱，球など単純な幾何学的な形の組み合わせから構成されていることを指摘します。

図表7-9　ル・コルビュジエ「建築的感動」の根拠を示すスケッチ
『プレシジョン（上）』P.123より転載

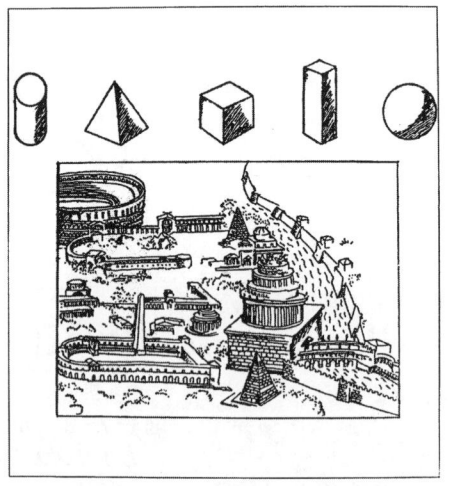

『建築をめざして』の中のスケッチ，根源的立体と古代ローマ，伝統から抽出された原理の抽象化。

図表7-10　ル・コルビュジエ「古代遺跡の形態分析」の
スケッチ　　　　『建築をめざして』P.126より転載

　こうした現実の物体の成り立ちを分析して抽象的な形に還元しようとする彼の姿勢には，同時代の芸術運動であるパブロ・ピカソのキュビスムや，オランダのピート・モンドリアン，ヘリット・リートフェルトらのデ・ステイルからの影響が読み取れます。例えば，家具職人でもあったリートフェルトの制作した「赤と青の椅子」では，椅子を構成する要素を極限まで抽象化し，その組み合わせがそのまま形として表現されています。

　しかし，ル・コルビュジエは，スケッチに描いたように，椅子の形は，その椅子に座る人間が何をしているのか，勉強なのか，休息なのか，によって決定しようと考えたのです。あくまでも人間の身体性からの探究を手放しません。そして，こうした作業の集大成として考案し，1948年に発表したのが，人体寸法を建築の設計に応用した独自の寸法体系モデュロールでした。

レッド&ブルーチェアー 1923年頃 (原型1918年)　Red and Blue Chair, c.1923 (Original version, 1918)

図表 7 -11　ヘリット・リートフェルト「赤と青の椅子」
奥佳弥『リートフェルトの建築』（TOTO 出版2009年）より転載

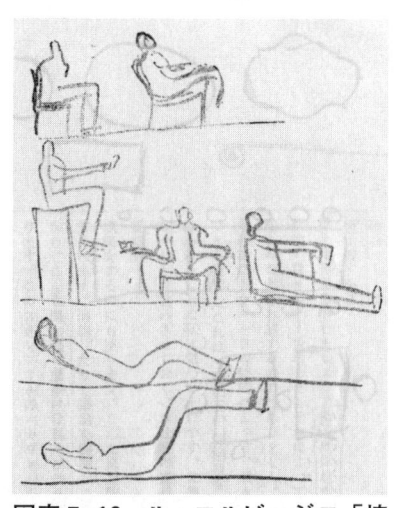

図表 7 -12　ル・コルビュジエ「椅子の概念を示すスケッチ」
『プレシジョン（上）』P.184より転載

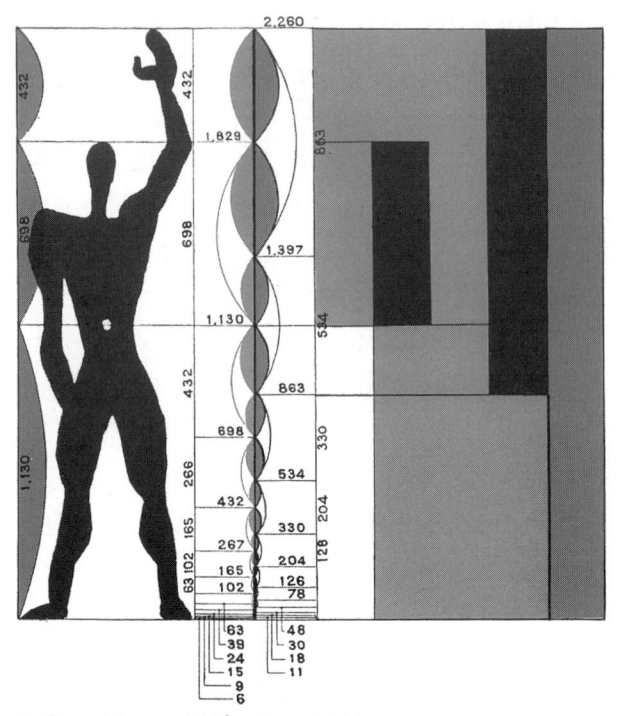

図表 7 -13- a　モデュロール001

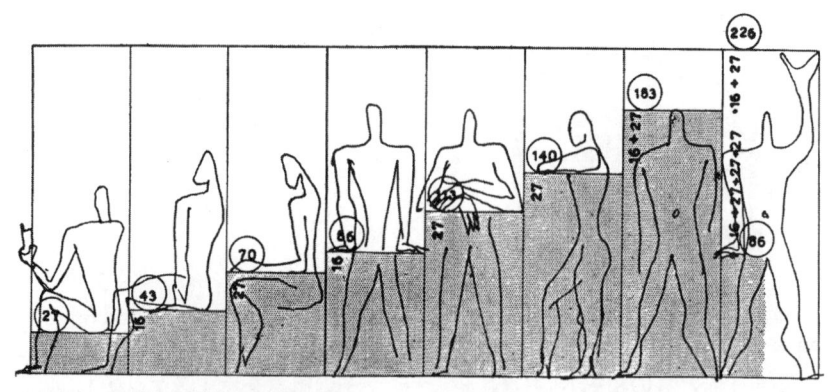

人体によって空間占拠の特徴的な状況

図表 7 -13- b　モデュロール002

ル・コルビュジエ『全作品集第 5 巻』P.171，173より転載

6. 住まいの探求と「輝く都市」の提案

　このような独自の考え方によって挑んだのが，大著『輝く都市』(1935年) にまとめられる20世紀の住まいと都市の在り方に対する具体的な提案です。そこには，工業化と建設技術の発展を梃子に，建築を高層化することによって，地上に緑と光を取り戻して劣悪な都市の環境を改善し，日々の暮らしを守る健康で快適な住まいの原型をつくり上げようとする願いが込められていました。また，だからこそ，アメリカ印象記『伽藍が白かったとき』(1937年) に収録されますが，1935年，ニューヨーク近代美術館に招かれて初渡米した際，ラジオのインタビューに答えて，次のように語ったのです。

　「私は，建築と都市計画という領域において，機械時代の初期の研究に生涯を捧げた専門家の単純さをもって，あらゆる近代技術を召集する提案を持ち込みますが，その最終目的は単なる有用性を越えることであります。この欠くべからざる目的，それは機械文明に生きる人間に心の健康と喜びを与えることであります。」

　こうした思いを抱いていたからこそ，パリにはなかったニューヨークの超高層ビルの林立にある期待を抱いたに違いありません。けれども，実際に訪れてその実態を見た彼は，同じ旅行記に，次のような言葉を記すことになります。

　「私は我慢できない……身を磨り減らす遠距離の通勤，騒音を爆発させる地下鉄，場末の黒ずんだ煉瓦の街や硬直化した非情の街 (中略)，それらによって，幾百万の人間が質の低下を蒙っている (中略) 機械時代

の社会が，その最初の世紀において都市を，事物の性質に逆らって無茶苦茶に建設したことは，報いなしではすまされない。（中略）もし都市が誤っており，間違っていて，常識に反しているなら，人間生活はそれによって損なわれる。そして彼らが自らのためにつくった環境によってかえって反自然化されたなら，彼らは危険な災難を蒙る。20世紀は人間のために建設したのではなくて，金のために建設した。」

　1935年時点で，ル・コルビュジエは，資本主義社会の持つ危うさを察知していたのです。そして，「衰弱し，金銭によって腐敗させられたわれわれの社会に必要なのは，各人の心の底に＋（プラス）を書き入れることだ。それで十分であり，それがすべてだ。それは希望である。」と書かずにはいられませんでした。こうした言葉からも，ル・コルビュジエが何を求めていたのかが見えてきます。さらに，第二次世界大戦下の1943年，著書『建築家の講義―ル・コルビュジエ』に収録される学生へ向けた講義の中で，次のように語ったのです。

　「社会が，その永続のために当然追求する最初のものが，人の住まいである。風雨や泥棒から人を守り，何よりも家庭の平穏を保ち，そのための配慮を一切怠らない住まいがあってこそ，人の社会は自然の理から逸脱することなく調和を保った存在として発展することができる。（中略）人が生活する環境について，今までなんの関心も払われてなかった。日々の存在，そして街角，広場，自室で費やされる時やそれぞれの瞬間，それは来る日も来る日も，生まれてから死ぬまで繰り返される。このような場所のすべてが感動を秘め，我々が人生に目覚めたその瞬間から，意識を育んでいくまさに背景となる。（中略）建築とは，建築に仕える者たちすべてに住居への献身を要求する一つのミッションなのであ

る。」

　こうした思いを持って，彼は建築の方法を模索し続けました。

7. ル・コルビュジエが次世代へ伝えようとした メッセージ

　もちろん，先駆者ゆえに，ル・コルビュジエも，建築技術への過度の期待によって，さまざまな挫折や失敗を繰り返していきます。全面ガラス張りを試みた救世軍避難施設（1933年）は，空調装置が機能せず，戦後に改修されて，開閉できる窓と格子状の日差し除け（ブリーズ・ソレイユ）が取り付けられるのです。また，強い日差しと大量の雨に晒される南米やアフリカ，インドのプロジェクトを通して，晩年のル・コルビュジエは，サヴォア邸に代表される白い機械のような建築から脱皮し，むしろ自然を味方にした造形を模索していきます。その集大成と呼

図表7-14　ル・コルビュジエ「チャンディガールの建築群」
　1956〜62年　　　　　　　　　　　　　　撮影／筆者

図表7-15 ル・コルビュジエ「カップ・マルタンの休暇小屋」1952年

べるのが，インドパンジャブ州の新首都チャンディガール（1956～62年）の建築群です。

　そこには，彼の憧れたパルテノン神殿など古代遺跡のような悠久の時間を湛える強い存在感が漂っています。

　そして，興味深いことに，彼が晩年に自らの理想の住まいとして南仏カップ・マルタンに建てたのは，松の丸太材で覆われたわずか8畳ほどの簡素な休暇小屋（1952年）でした。

　1965年8月27日，この小屋から海辺に向ったル・コルビュジエは，水泳中の心臓発作で逝去しますが，最後の作品集第8巻には，亡くなる1か月前に書かれた，次のような言葉が残されています。

「私は77歳だ。そして私の気持ちはこうだと言える。人生では何かをすることだ。いいかえれば，謙虚に，几帳面に，闡明に行為することだ。

芸術のためのあり方は規則正しく繰り返すこと，謙遜，持続性，辛抱強いことだ。（中略）人生の定義は心変わりしないことにある。心変わりしないことは自然で実り多いからだ。いつも同じであるためには謙虚でなければならず，辛抱強くなければならない。それは勇気，自制力のあることの証拠だし，生存のあり方の呼称といえる。」

　東京・上野の国立西洋美術館は，このような生涯を送ったル・コルビュジエが，彼に師事した前川國男，坂倉準三，吉阪隆正の 3 人の弟子たちの協力により，日本に遺した唯一の建築です。そして，彼らは，師からの影響を受けて，それぞれ独自の建築を切り拓いていきます。今から100年前，ル・コルビュジエが，「人間のための建築」を求めて一人始めたモダニズム建築の潮流は，現代の生活環境を考える上で，大きな手がかりを与え続けているのです。

参考文献

ル・コルビュジエ著，吉阪隆正訳『建築をめざして』鹿島出版会 SD 選書　1967年

ル・コルビュジエ著，樋口 清訳『ユルバニスム』鹿島出版会 SD 選書　1967年

ル・コルビュジエ著，井田安弘・芝 優子訳『プレシジョン（上）・（下）』鹿島出版
　会 SD 選書　1984年

ル・コルビュジエ著，石井 勉ほか訳『東方への旅』鹿島出版会 SD 選書　1979年

W. ボジガー，O. ストノロフ編，吉阪隆正訳『ル・コルビュジエ全作品集』全 8 巻
　A.D.A.EDITA Tokyo　1979年

ル・コルビュジエ著，白石哲雄監訳『輝ける都市』河出書房新社　2016年

ル・コルビュジエ著，生田 勉・樋口 清訳『伽藍が白かったとき』岩波文庫　2007
　年

ウイリアム・カーティス著，中村研一訳『ル・コルビュジエ—理念と形態』鹿島出

版会　1992年

スタニスラウス・フォン・モース著，住野天平訳『ル・コルビュジエの生涯—建築とその神話』彰国社　1981年

岸田省吾監訳，櫻木直美訳『建築家の講義—ル・コルビュジエ』丸善　2006年

ジャン・ジャンジェ著，藤森照信監修，遠藤ゆかり訳『ル・コルビュジエ—終わりなき挑戦の日々』創元社　2006年

ジャン・プティ著，田路貴浩・松本　裕訳『ル・コルビュジエ—みずから語る生涯』中央公論美術出版　2021年

アンソニー・フリント著，渡邉泰彦訳『ル・コルビュジエ　モダンを背負った男』鹿島出版会　2023年

ブルノ・カンブレト著，中村好文監修，石川さなえ・青山マミ訳『ル・コルビュジエカップ・マルタンの休暇』TOTO 出版　1997年

八束はじめ『ル・コルビュジエ』講談社学術文庫　2022年

八束はじめ『ル・コルビュジエ　生政治としてのユルバニスム』青土社　2014年

松隈　洋『ル・コルビュジエから遠く離れて—日本の20世紀建築遺産』みすず書房　2016年

8 | アントニン・レーモンドと日本
日本に何を発見したのか

松隈 洋

《**目標＆ポイント**》　レーモンドは多くの日本人建築家を育て，"日本の近代建築の父"と呼ばれています。日本の風土や人々の暮らし，そして日本の伝統建築にも深い愛着を示し，日本の良さを日本人以上に理解していたと言っていいでしょう。レーモンドを知ることで日本の近代を深く知ることができるのです。
《**キーワード**》　夏の家　帝国ホテル　木造住宅　太平洋戦争　設計5原則生活の芸術

1.「夏の家」が国の重要文化財に指定されて

　2023年9月，アントニン・レーモンド（1888～1976年）の別荘として長野県軽井沢町に建てられた「夏の家」（1933年）が，「モダニズム建築を日本の伝統技法を用いて実現した先駆的な事例」であり，日本の「木造のモダニズム建築に大きく影響を与えた」として，「歴史的価値が高い」と評価され，国の重要文化財に指定されました。

　レーモンドは，戦前戦後の日本で40年

図表8-1　アントニン・レーモンドとノエミ・レーモンド
『建築』1961年10月号より転載

図表 8-2　アントニン・レーモンド「夏の家」1933年
『アントニン・レイモンド作品集1920-1935』（城南書院
1935年）より転載

以上にわたり精力的な設計活動を続け，計画案を含め約400件余りの建
築を手がけたとされています。また，彼の下からは，吉村順三，前川國
男，ジョージ・ナカシマ，増沢洵ら多くの弟子たちが巣立ち，日本の近
代建築に大きな影響を与えたことから，「日本近代建築の父」とも呼ば
れました。けれども，意外なことに，この夏の家が，レーモンドの建築
にとって，初めての国の重文指定となります。実際には，彼が，夏のア
トリエとして，この別荘を使うことができたのは，わずか4年間に過ぎ
ませんでした。また，日中戦争の勃発する1937年に売却された後は，幾
度となく所有者が入れ替わり，時を経た1986年に，建設地の軽井沢町の
南ヶ丘から現在地の塩沢湖畔へ移築され，ペイネ美術館に転用されて使
われてきました。そのため，残念ながら，美術館という建物の性格上，
雨戸は閉じられ，風通しの良い別荘としての姿は損なわれていたので
す。しかも，地元の軽井沢町にとって，重文指定は，1980年の木造の瀟

図表8-3　アントニン・レーモンド「聖ポール教会」1935年
撮影／筆者

洒な純洋風ホテルとして知られる旧・三笠ホテル（1905年）以来2例目で43年ぶりですが，その価値が同じように共有されていたとは言えません。レーモンドの手がけた軽井沢の建築としては，むしろ，観光名所でもある聖ポール教会（1935年）の方が有名であり，この別荘は，知る人ぞ知る隠れた名作のような存在だったと言えるのです。

　こうした経緯もあり，「夏の家」がなぜ重文なのか，と不思議に感じる人も多いと思います。けれども，この小さな木造の別荘の重文指定には，ある歴史的な意味が込められているのです。そこで，ここでは，レーモンドがどのような建築を求めたのか，彼は日本に何を発見したのか，について，振り返ってみたいと思います。

2. フランク・ロイド・ライトに憧れて

　アントニン・レーモンドは，オーストリア・ハンガリー帝国時代の

1888年5月10日，後に首都になる古都プラハから北西25kmに位置するボヘミア（現・チェコ共和国）地方の鉱業で栄えた工業都市クラドノに生まれています。晩年に記された自伝によれば，父のアロイ・レーマンは農業を営んでいましたが，母のルジーナが10歳の時に病気で亡くなったため，幼少期のレーモンドと2人の姉と3人の弟は，母方の祖父母の住むレンチョフの農場で過ごすことが多かったといいます。そこでの美しい自然に囲まれた田園生活の光景がレーモンドの素養を育んだのです。そして，1906年，家族と共に移り住んだ首都プラハにある名門のプラハ工科大学に入学したレーモンドは，旧市街に建つロマネスク，ゴシック，ルネサンス，バロック様式の建物の美しさに強い影響を受けながら，建築を学び始めます。そんな中，レーモンドは，1909年にドイツのヴァスムート社から初めて出版された『フランク・ロイド・ライト作品集』に夢中となり，彼のような建築が続々と建設される新興国アメリカ

図表8-4　キャス・ギルバート
「ウルワース・ビル」1913年
撮影／筆者

への思いを募らせるのです。こうして，プラハ工科大学を卒業した1910年夏，イタリアから小さな貨物船に乗務員として乗り込み，ニューヨークへと渡ります。そして，チェコ人街のバーで出会った外科医の紹介で，地上57階建て，高さ240mの当時の最高高さを誇る超高層ビルのウルワース・ビル（1913年）を設計中だったキャス・ギルバートの事務所で，製図工として働き始めるのです。

　しかし，自由で創造的なデザイン

を求めていたレーモンドは，折衷主義の様式建築に縛られた平凡な仕事に飽き足らず，透視図を描くアルバイトで得た1000ドルを元手に，1914年4月，事務所を辞めてヨーロッパ旅行へ出かけます。けれども，わずか数カ月後の7月28日，第一次世界大戦の勃発をローマ滞在中にニュースで知り，ナポリからニューヨークへの最後の帰国船でアメリカへ舞い戻るのです。その船で出会ったのが，生涯の伴侶となるノエミ（1889〜1980年）でした。帰国後，二人は結婚します。

　こうして，古巣のギルバート事務所に戻ったレーモンドは，1916年早春，ノエミの友人の紹介で，遠く憧れていたフランク・ロイド・ライト（1867〜1959年）と出会い，タリアセンのアトリエでノエミと共に働き始めるのです。このライトとの運命的な出会いが，レーモンドの日本との関係の始まりでもありました。

3．初来日したレーモンドが見た光景の意味

　そして，その3年後の1919年12月31日の大晦日に，レーモンドは，フランク・ロイド・ライトからの誘いを受けて，彼の設計した東京・日比

図表8−5　フランク・ロイド・ライト「帝国ホテル」（1923年）の明治村に移築された玄関部分　　　撮影／筆者

谷の帝国ホテル（1923年）建設の助手として，ライト夫妻と共に，船で横浜港に着き，初めて日本を訪れます。

　後年，幾度となく，この日のことを印象深く回想するのですが，例えば，1940年に記された文章の中で，レーモンドは，次のように書き留めています。

「1919年，12月31日の，日本到着の夜，横浜から東京までの道，封建時代の名残りをとどめた狭い村を，車で通ったことを私は決して忘れることができない。

　その村々の道の両側には，しめかざりの環や，提灯がぶらさがった松や，竹が並んでいて陽気で，単純な喜びの雰囲気に包まれていた。商店は道に向って開け放たれ，売る人買う人共々，茶をすすり，火鉢に手をかざしながら親しげに坐っていた。派手な着物の若い人々は，道の真中に陣取って，いろいろ楽しそうな季節の遊びにふけり，私達の車は殆んど進めないほどであった。この15マイルに3時間半を要した忘れられない旅行の間に，私は日本の建築の最初の研究を始めた。

　私はその時，現代建築と呼ぶものが，日本では無意識に実行され，生き続け，守られていた，建築の原則であり，われわれはその失われた原則の知識を，意識的に回復させようと努力しているにすぎないと気づいたのである。」[1]

　レーモンドが目撃したのは，1923年9月1日の関東大震災でことごとく焼失する直前の，江戸情緒を色濃く残す瓦屋根と白壁で統一された木造の街並みであり，大晦日の寛いだ人びとと道の両側の商店や民家が織り成す，簡素でありながら，華やいだ雰囲気でした。

　そして，彼は，その光景に，自らが追い求める現代建築の手がかりと

図表 8-6　横浜開港資料館編『彩色アルバム明治の日本《横浜写真》の世界』（有隣堂 1990年）より転載

なる原則を見て取ったのです。後年の1953年に記された文章には，次のように書き留めています。

「私は日本から沢山のことを学んだ。その中で最大のものは，生活の芸術であった。」※2

　レーモンドは，建築にとどまらず，日本の庶民たちが長い時間をかけて作り上げてきた日々の暮らしそのものが，「生活の芸術」と言えるものに昇華していることに感銘を覚えたのです。歴史の偶然が与えたこの大晦日の光景との奇跡的な出会いこそ，レーモンドが長く日本に留まるきっかけとなるものでした。ところで，良く知られているように，同じく来日して桂離宮などを絶賛し，『日本美の再発見』（1939年）を著し

た，ブルーノ・タウトというドイツ人建築家がいました。けれども，タウトが来日したのは1933年であり，彼が目撃したのは，関東大震災で壊滅的に破壊された後の復興期のバラックが建ち並ぶ東京だったのです。ここに，レーモンドとの決定的な違いがありました。タウトにとって，日本の「美」は，桂離宮など，人びとの日常から遠く離れた遺構の中に，かろうじて「再発見」するものでしかありませんでした。それに対して，レーモンドは，日常生活そのものに根ざして息づいていた木造文化の成熟した姿を目撃することができたのです。同じ文章に，日本の木造建築に発見した特質について，「建築は単純を尊ぶ。最も簡素なものは，いつも最も美しい」と書き留めています。

　こうして，来日後，ライトの下で担当した帝国ホテルの完成予想の透視図を描く中で，彼の装飾過剰のデザインに強い違和感を抱き，嫌気がさしたレーモンドは，1921年，わずか1年で彼の元を離れ，独立することになります。

4．ル・コルビュジエの方法を借用したその先に

　けれども，一人の建築家として歩み始めたレーモンドにとって，日本の伝統的な木造建築のエッセンスを咀嚼して，自らの設計方法に取り入れるのは，容易なことではありませんでした。その格闘の痕跡は，ライトの強い影響が色濃く残る東京女子大学の建築群（1921〜38年）などに読み取ることができます。

　それでも，幸いだったのは，日本人の弟子たちとの出会いでした。1928年に，フランスの建築雑誌『L'architecture Vivante』（1925年冬号）に掲載された霊南坂の自邸（1926年）模型写真に魅せられて探し当て，突然目の前に現れた東京美術学校2年生の吉村順三（1908〜97年）が，学生身分のまま事務所に通い始めたのです。

図表8−7　アントニン・レーモンド「東京女子大学の建築群」1921〜38年　　　　　　　　　　　　撮影／筆者

図表8−8　アントニン・レーモンド「霊南坂の自邸」1926年
川喜多煉七郎編『レイモンドの家』（洪洋社　1931年）より転載

　また，1930年8月には，ル・コルビュジエのパリのアトリエに学んで帰国した前川國男（1905〜86年）が入所します。両国の呉服商の家に生まれ，レーモンドの共感した関東大震災以前の「生活の芸術」の中に育ち，週末に夜汽車に乗って京都や奈良へ通い，茶室などの実測を続けていた吉村は，得難い名ガイド役として，レーモンドが日本理解を深める上で，大きな導き手となっていったのです。また，前川は，モダニズム建築の最前線を走っていたル・コルビュジエの設計方法を，レーモンドに伝える役割を担うことになります。

　そして，レーモンドは，さっそく，その成果を自らの別荘「夏の家」で試みてみるのです。しかも，この時，大胆にも，ル・コルビュジエの南米チリのエラズリス邸計画案（1930年）を「写し」として無断で翻案し，『Architectural Record』誌（1934年7月号）に発表してしまいます。ル・コルビュジエは，誌面を見て仰天したに違いありません。というのも，ル・コルビュジエは，すかさず，編集中だった自らの作品集の第2巻に，「夏の家」の写真と自らのエルザリス邸のスケッチを並べて掲載し，「私たちの大切にしている考え方をこのように巧みに実現しているのを見ることは本当に喜ばしい」と皮肉めいたコメントまで付して発表したからです。これは，国際的なスキャンダルに等しい事件でもありました。けれども，レーモンドが，ル・コルビュジエの方法を借用し，日本の腕利きの大工との共同で実現させた「夏の家」で獲得したのは，スキャンダルという次元を越えた設計方法に関する確信であることが，1942年に綴られた次の文章から見えてきます。

「ある日，ことわるまでもなく日本で，自分がもし本当に機会を掴んだ時，何ができるかをためそうとして自分の家を建てた。正しく日頃の生活の中で，そうありたいと願っているそのままを，建築する機会が与え

られたのである。家は山の上に建てられた。材木は近所の森から来た。軽石コンクリートは火山から，そして，腕ききの大工が手に入った。建物は率直に，また，単純に解決されていった。何事も，実際の目的にかなわないものは省かれた。材料の質は吟味され，尊重された。ひとつだけ大変な贅沢があった。空間である。」

　そして，レーモンドは，残った木材と綱や藁によって，数個の椅子とテーブルをつくり，隣村で買い求めた陶器の鉢と皿をテーブルに置いて初めて食事した時のことを，次のように描写したのです。

「私は，この最初の食事が忘れられない。新しい木の香り，新しい桧板でつくられた清潔なテーブル，その上にはグレーと赤の陶器。戸が引き込まれると全面，平原と遠くの山々。一室にとじこもらぬ限り，私達は一つの空間の中に包まれていた。」

　彼が日本の木造文化の特質として発見したのは，次の2つのことでした。すなわち，竣工写真から読み取れるように，伊勢神宮と同じく，建築を構成する構造体の柱や梁が素材のまま使われることで生まれる構造美と，開口部を開け放せば，室内と庭から遠くの山並みまで，空間がひと続きに広がる開放性の心地よさです。

　それは，「大きな石の塊の壁」に包まれたル・コルビュジエの計画案にはなかったものでした。この時，レーモンドは，ライトの作風の呪縛から脱する手がかりと，自らの求める方法論への確信をつかんだに違いありません。1935年に出版された『アントニン・レイモンド作品集1920-1935』は，戦前期の仕事の全貌を伝える内容であり，自らの設計で完成し，事務所を構えた東京銀座の聖書館（1933年）の屋上で撮影さ

れた日本人所員たちの集合写真と共に，レーモンドの確かな歩みが記録されています。

図表 8-9　アントニン・レーモンド「夏の家」1933年
『アントニン・レイモンド作品集 1920-1935』（城南書院
1935年）より転載

図表 8-10　レーモンドと所員たち
『アントニン・レイモンド作品集 1920-1935』（城
南書院　1935年）より転載

5．アメリカへの一時帰国と戦争の影

　しかし，レーモンドは，こうして始めた日本の木造建築からエッセンスを抽出する作業を長く続けることはできませんでした。太平洋戦争へと突き進む時代の中で，日米関係の急速な悪化により，予定した仕事の受注が絶たれ，事務所が苦境に立たされたのです。やむなく，日中戦争下の1938年1月，戦前最後を飾る東京女子大学講堂・礼拝堂（1938年）の完成を待たずに日本を離れ，インドのポンディシェリに建設中だったヒンズー教の僧院宿舎の現場を経て，祖国チェコスロバキアで家族と再会した後，1938年10月にアメリカへ帰国してしまいます。

　そして，翌1939年3月，ペンシルヴェニア州フィラデルフィア郊外のニューホープの敬虔なクエーカー教徒たちが切り拓いた150エーカーの広大な農場を買い取り，母屋（1728年）を改造してアトリエを構えたのです。

図表8-11　「東京女子大学講堂・礼拝堂」1938年　撮影／筆者

図表 8 -12 「ニューホープのアトリエ」　　　　撮影／筆者

　しかも，帰国後に依頼を受けた日本関係の仕事のために，1940年，吉村順三を日本から呼び寄せます。単身渡米した吉村が見たのは，日本の木造文化とも相通ずる簡素で清新な民家や納屋であり，それらに魅せられていきます。

図表 8 -13 「ニューホープの納屋」　　　　　　撮影／筆者

　しかし，翌1941年7月，太平洋戦争前夜の急速な日米関係の悪化から，吉村は，最後の帰国船に飛び乗り，日本へ戻るのです。また，1934年に入所してインドの僧院の現場を担当し，日中戦争下の1939年に日本に戻って滞在した後，1940年にアメリカの郷里シアトルに帰ったジョージ・ナカシマ（1905〜90年）が，1941年12月8日の日米開戦後，日系人の強制収容所に送り込まれたことを知ったレーモンドは，彼の一家を救出し，ニューホープの農場に預かることになります。そして，太平洋戦争下に，レーモンドは，日本の木造住宅に詳しいことを理由に，あろうことか，1945年3月10日の東京大空襲に使用される焼夷弾の効果を試す原寸大の木造の家並みの再現という仕事に携わるのです。このことは，戦後に，アメリカの建築雑誌『Architectural Forum』（1946年1月号）の「PREFAB TARGET」と題するスクープ記事で明らかにされ，後年の自伝でレーモンドが自ら告白することになるのですが，そこには，解明されるべき戦争の暗い影が差していたのです。

6．戦後の再来日とレーモンドの求めたもの

　このような経緯にもかかわらず，レーモンドは，1948年，敗戦直後の占領下の日本へ再来日し，設計活動を再開させます。そして，1951年，東京・竹橋に，コンクリート打放しの精緻な仕上げのフレームと約60mの長さのスチール製の水平連続窓を持つ清新な事務所ビル，リーダーズ・ダイジェスト東京支社を完成させ，日本の建築界に衝撃を与えたのです。

　さらに，翌1952年に，麻布笄町に，木造の自邸・事務所も完成し，ここを拠点に，戦後の仕事を精力的に手がけていくことになります。

　こうして，この二つの建築を通して独自の設計手法を確立したレーモンドは，木造の聖オルバン教会（1956年）や，鉄筋コンクリート造で打

154

図表 8 -14　アントニン・レーモンド「リーダーズ・ダイジェ
スト東京支社」1951年　　　　　撮影／村澤文雄（彰国社）

図表 8 -15　アントニン・レーモンド「笄町の自邸・事務所」
1952年
アントニン・レーモンド著，三沢 浩訳『自伝アントニン・
レーモンド［新装版］』（鹿島出版会2007年）より転載

図表 8 -16　アントニン・レーモンド「聖オルバン教会」1956
年　　　　　　　　　　　　　　　　　　　　　撮影／筆者

放し仕上げの簡素な構造体で構成された聖アンセルモ教会（1956年），
代表作となる群馬音楽センター（1961年）や，名古屋郊外の丘陵地の尾
根筋に沿ってリズミカルに配置された南山大学のキャンパス（1964年）
など，日本の木造文化から学んだ成果を盛り込んだ建築を，次々と実現

図表 8 -17　アントニン・レーモンド「聖アンセルモ教会」
1956年　　　　　　　　　　　　　　　　　　　撮影／筆者

図表 8 -18　アントニン・レーモンド「群馬音楽センター」
　　1961年　　　　　　　　　　　　　　　　　撮影／筆者

図表 8 -19　アントニン・レーモンド「南山大学キャンパス」
　　1964年　　　　　　　　　　　　　　　　　撮影／筆者

図表 8 -20　アントニン・レーモンド「軽井沢の新スタジオ」
1963年　　　　　　　　　　　　　　　　撮影／筆者

　させていくのです。

　また，1963年には，軽井沢に，自らのアトリエ別荘として，コンクリート製の暖炉を中心とする12角形の製図室と居間，食堂，和室，寝室からなる新スタジオを完成させ，戦前の「夏の家」のように，所員たちと過ごすことも忘れていませんでした。

　こうして，戦後も24年間にわたり設計活動を続けたレーモンドは，1973年6月に，日本を離れてニューホープに戻り，静かな余生を送ります。そして，1976年10月25日，88歳でこの世を去るのです。

　レーモンドの遺した多くの建築は，私たちに何を伝えているのでしょうか。彼は，来日した初日に目撃した日本の木造文化に魅せられ，そこから学び取ったものを手がかりに，簡素で力強い骨格と内外の空間がひと続きになる開放的で心地よい建築をつくり続けました。群馬音楽センターを担当した所員の五代信作は，レーモンドが所員たちにいつも語っ

ていた「設計 5 原則」として，「建築は，simple，natural，economical，direct，そして honest でなければならない」[3]という言葉を紹介していますが，歴史を振り返れば，日本は木造建築の長い歴史を持つ国であり，そこで培われてきた伝統が育んだ「生活の芸術」という道筋こそ，現代の建築のめざすべきものなのだ，という発見が，彼の日本での設計活動を最後まで支えていたのだと思います。そして，そうした日本の原風景については，評論家の渡辺京二が，幕末から明治にかけて来日外国人が書き留めた記録を通して蘇らせた大著『逝きし世の面影』に掲載された図版からも明快に読み取れます。

　残念ながら，そのような穏やかな日常の風景は，ほとんど失われてしまいましたが，レーモンドの仕事を通して，人間と建築，環境とのつながりを見つめ直すことが求められているのです。

図表 8 -21　「元旦の風景」（ワーグマン画／I.L.N 1865
年）
渡辺京二『逝きし世の面影』（平凡社ライブラリー
2005年）より転載

※ 1　「日本建築の原則」A・レーモンド著，三沢 浩訳『私と日本建築』鹿島出版
　　　会 SD 選書所収
※ 2　「建築の根本原則」同上
※ 3　五代信作「群馬音楽センターの設計」『建築』1961年10月号

参考文献

アントニン・レーモンド著，前川國男訳『アントニン・レイモンド作品集1920-
　　1935』城南書院　1935年
アントニン・レーモンド著，三沢 浩訳『自伝アントニン・レーモンド［新装版］』
　　鹿島出版会　2007年
アントニン・レーモンド著，三沢 浩訳『私と日本建築』鹿島出版会 SD 選書　1967
　　年
三沢 浩『アントニン・レーモンドの建築』建築資料研究社　1998年
三沢 浩『A・レーモンドの住宅物語』鹿島出版会　1999年
三沢 浩『A・レーモンドの建築詳細』彰国社　2005年
三沢 浩『レーモンドの失われた建築』王国社　2007年
三沢 浩『おしゃれな住まい方―レーモンド夫妻のシンプルライフ』王国社　2012年
栗田 勇監修『現代日本建築家全集 1．アントニン・レーモンド』三一書房　1971年
神奈川県立近代美術館編『アントニン＆ノエミ・レーモンド展カタログ』Echelle-1
　　／美術館連絡協議会　2007年
ジョージ・ナカシマ著，神代雄一郎・佐藤由巳子訳『木のこころ―木匠回想記』鹿
　　島出版会 SD 選書　1983年
渡辺京二『逝きし世の面影』平凡社ライブラリー　2005年
渡辺京二『［増補］近代の呪い』平凡社ライブラリー　2023年
芳賀 徹・岡部昌幸『写真で見る江戸東京』新潮社とんぼの本　1992年
松隈 洋「リーダーズ・ダイジェスト東京支社―戦後日本近代建築の出発点」『建築
　　文化』1993年 1 月号／モダニズム・ジャパン研究会編，宇野 求・松隈 洋・内田
　　祥士・藤田洋保・隈 研吾ほか『再読／日本のモダンアーキテクチャー』彰国社
　　　1997年所収
松隈 洋『残すべき建築―モダニズム建築は何を求めたのか』誠文堂新光社　2013年

9 | 吉村順三の姿勢
近代性と民主性に向き合う姿

| 堀部安嗣

《目標＆ポイント》 日本の伝統と西洋の合理性を巧みに融合させた吉村順三。権威的な表現ではなく，市井の人々の営為の中に美しさと尊厳を見出した建築表現は当時の風潮の中にあって独特の存在感を示しています。また多くの優れた弟子を世の中に送り出した教育者としても知られています。
《キーワード》 吉村順三　近代性　軽井沢の山荘　自邸　新宮殿　設備計画　プロポーション

1. 犬と鬼

　中国の古典『韓非子』に出てくる故事にこのような話があります。皇帝が宮廷画家にこう質問します。"描きやすいものはなんであるか，また描きにくいものはなんであるか"と。すると画家は"犬は描きにくく，鬼は描きやすい"と答えます。明治以降の西洋を安易に真似たものや，戦後の日本のモニュメンタルで人を手っ取り早く驚かせる行き当たりばったりの政治と文化を，東洋文化研究家のアレックス・カー氏はこの故事に例えて痛烈に警鐘を鳴らしています。(アレックス・カー『犬と鬼―知られざる日本の肖像』講談社　2002年)。

　犬は平凡で穏やかな存在であるので人をアッと驚かすことができません。また実存する身近な存在のものは，その骨格や動きや性格を正確に描かなければ人から変だと言われてしまいます。人に納得してもらう絵

を描くためには鋭い観察眼と高い技術が必要になるので，デフォルメによって人を驚かすことのできる鬼を描く方が簡単だということでしょう。

　さて，絵であれば鬼を描いても良いでしょう。しかし戦後，建築家が作るものが鬼的な表現になってしまった側面があります。建築とは現実を正確に捉え，生身の人間の動きや心理を的確に反映させてゆかなければ，その後必ず支障をきたしてゆきます。現実にはそぐわないことや合理的でないもの，あるいはデフォルメされたものは時間と共に廃れてゆき，その姿を何十年も公の風景の中に晒し続けることになってしまうのが建築の怖さであり，その問題が今日露呈してきているのではないかと思います。経済的に潤っている時，多額の費用をかけて華美に巨大に作った建築がその後維持できず，また人からあっという間に飽きられてしまった姿を全国で数多く見ることができます。

　大きく建築には2つの役割があります。1つは人々を瞬間的に喜ばせ，鼓舞させる花火のような役割。そしてもう1つは人々の日常を淡々と支えながら経年すればするほどその魅力と味わいを表す漢方薬的な役割があります。人々の生活は毎日が祭りではありません。年に1回ぐらいの祭りがあり，その他の日々は淡々とした日常が続くようなバランスで成り立っているように，建築もしっかりとした生活を支える土台が築かれた上で花火的なものが際立つということを意識しなければなりません。

　国内外を問わず建築家の多くが鬼的な表現をしてゆく中，吉村順三は一貫してここで言う犬的な表現と漢方薬的な建築の持久力を表してきました。鬼のようなデフォル

図表 9-1　吉村順三

メや瞬間的な花火のような表現は吉村には見当たりません。

　建築界や建築教育の場では公共建築のように規模が大きく，多くの人に影響を与える建築が評価されました。一方住宅のような個人的なものはあまり評価されず，公共建築よりも位置づけが低かった風潮がありました。住宅はお金を出す人とそれを維持管理してゆく人が同じです。建築家が斬新で格好いいものを作っても建物が維持しやすくなければクレームになります。また，例えば建築家が環境配慮を掲げても家の燃費が抑えられていなければ嘘つき呼ばわりされてしまうでしょう。このように住宅は高い技術力と洞察力が必要となる難易度が高い仕事なのですが，建築界や建築教育において軽視されてしまいました。また多くの建築家は住宅を登竜門として考え，その後は公共建築で活躍をして名声を得てゆくことが多くなり，住宅を生涯追求する第一線の建築家は非常に少なくなってゆきました。

　吉村は社会的な評価と名声を得た後も市井の人々の住まいを設計し続けたところに，日常を豊かに支え続ける建築や人々の暮らしへの深い眼差しと公平な精神を感じることができます。そして当時の建築界において住宅設計の魅力と大切さを伝え，住宅や建築を芸術の領域に拡げる役割を担いました。また母校の東京藝術大学で早くから教鞭をとり，住宅設計や木造建築を真摯に取り組む優秀な後輩を数多く育てました。それが同時代を生きた建築家にはない吉村の類稀に見る個性なのではないかと思います。もちろん吉村はオフィスビルや美術館や宿泊施設など住宅以外の仕事にも秀作があるのですが，それらも住宅の設計で培われたスケール感や信頼感やあたたかさを基準に設計されているのが特徴です。まさに“住まいの基本”を土台にして建築の世界と時間を引き延ばしたのです。

　現に吉村の残した建築は時代を超えて使われ続け，経年した住宅も新

たな継承者が大切に愛着を持って住み続けているケースが多いのが特徴であり，派手さはないけれども滋味深く持久力のある建築を生み出し，時と共にその存在感と影響力が増しています。

　吉村は代表的な近代建築家の一人でありますが，このように吉村には他の近代建築家とは異なる独自の思想と"生き様"のようなものがありました。

　近代とともに生きた吉村は，近代の技術やシステムに建築の可能性を見出すとともに，伝統を軽視し，人間性を失わせてゆく近代の負の側面も深く見つめてゆきます。

　そして激動の近代の渦中で，なぜ吉村は簡素でありながら品格のある建築を生み出すことができたのか。それを紐解くことは，混迷の中にいる時代をどう生きるかという問題に対しての重要なヒントが詰まっているように思います。

2. 吉村と建築の出会い

　吉村は1908年（明治41年）東京の下町に呉服屋の息子として生まれます。隣近所との付き合いが大切だった古き良き時代の下町の空気を吸って幼少期を過ごしました。そのことが向こう三軒両隣のことを思いやり，自分の建築が目立つのではなく，周囲に溶け込ませようとする古き良き下町の建築モラルを生んだのではないかと思います。また吉村の父親が旅好きであり，その影響を受けて吉村は小学校の時から旅行に出かけることが当たり前になったようです。以来吉村は旅好きであり，旅先でその土地の風土や暮らしに触れ，建築と生活と人との等身大の関係を見つめてゆくことになります。当時朝鮮半島が日本の植民地だったゆえにパスポートも必要なく気軽に渡航できたことから，学生時代に日本建築以外の海外の建築を一人で見に行くということができたこともあり，

吉村は国際的な素養を早い時期に身につけます。

　また中学生の時に関東大震災を経験しており，建築は地震や火事に強くなければならないことや，災害後の復興のためにも建築は大きな役割があるということを早い段階から学んだことも建築の世界を歩む上で大きな出来事だったのではないでしょうか。

　加えて中学生の時に，吉村の祖母にライトが設計した帝国ホテルに食事に連れて行かれ，その時建築家のつくる建築の素晴らしさを目の当たりにして建築家を目指したと語っています。ライトという日本と関わりの深い建築家によって作られた帝国ホテルとの出会い，そしてそのホテルの仕事においてライトと共に来日した助手のアントニン・レーモンドが東京に建てた自邸を大学生だった吉村が訪ね，その後レーモンドの事務所で働いたことが建築家人生において大きな契機となります。

　ライト〜レーモンド〜吉村とつながる出会い，そして思想の継承は大変興味深いものがあります。特に吉村の描くやわらかく部屋と部屋が有機的に連続してゆくプランや，水平性を強調したプロポーションや佇まいはライトからの影響が非常に色濃くあります。前述してきたようにライトの建築は日本から影響を受けており，吉村も日本の伝統的な建築から多大な影響を受けていることから，ここに西洋と東洋の幸福な化学反応が見られます。またレーモンドは吉村の提案で日本の障子を取り入れます。反対に吉村はレーモンドから西洋的な建築設計の進め方や理知的でシステマティックな仕事の仕方，そして原寸図の大切さなどを学びます。

3．アメリカと日本と戦争

　このように日本とアメリカ，どちらが優れているかといったことではなくアメリカと日本の間で交わされる幸福な連鎖が繰り広げられ，文化

的に良いものは国境や時間を超えて混じり合い，より良いものに昇華してゆくことがよくわかります。しかし残念ながら政治的には日本とアメリカは真っ向から敵対してしまい，アメリカとの戦争の気配が深まります。そして戦争がはじまる直前にレーモンドはアメリカに帰国し，アメリカでの設計の仕事のスタッフとして吉村をアメリカに呼び，吉村は戦前のアメリカに行って建築の仕事をすることになります。戦前のヨーロッパで建築を学んだ建築家は多いのですが，戦前のアメリカを知っていて，そこで建築の仕事をしたという建築家は少なく，ここでも吉村の独自性が生まれます。吉村は空に向かってそびえ立つ摩天楼といった華美で近代的な建築に興味を持つのではなく，アメリカの田舎にある素朴なコロニアル建築に感銘を受けます。

「その頃，ニューヨークにいってみたらちょうど今の日本みたいで，自動車の国のようでした。自動車ばかりが走っていて自動車という動物が住んでいる国みたいな感じがしました。スカイスクレーパーはシカゴとかニューヨークには数多く建っていたけれど，何か納得のいかないものがありました。どこか前のいきさつから抜け出さないで，いろんな角に装飾をつけたり，エントランスを飾ったりして，遠くから見るとニューヨークという町は，すごく面白いのだけれども，そばに行って見ると，あまり感動しませんでした。しかしコロニアルの建築は，そこに真剣さがあって非常に美しいと思います。愛情と言うと言葉が悪いのだけれど……誠意かな。本当に誠意をもってつくったものは，本物だという感じを得ました。」（吉村順三『火と水と木の詩：私はなぜ建築家になったか』新潮社　2008年）

　世界を冷静に見ることができず，また視野が狭い人は，おそらく近代

化の象徴の摩天楼やモータリゼーションや工業化といった派手で先進的なニューヨークの凄さに魅了されてしまうところを吉村は，"納得いかない"，"感動しない"と語っているところが興味深いところです。またアメリカとは国土の広さも自然観も異なる日本は決してアメリカ化することなく，日本には日本の歩むべき道があることを吉村はこの時考えたのではないかと思います。同時に，慎ましやかで合理的で無駄のない，当たり前の日常を支える民家の真摯な美しさに出会い，自身のつくるべき建築の方向性が見えてきたのではないかと思います。

「やはり日本の気持ちから出たものをつくるべきでしょうね。つまり簡素でありながら美しい，というものなどを考えてですね。新しいことは，そのなかで考えて行くべきであって，決して向こうの（西洋の）真似をするとか，西欧の考えでするのではなくて，日本の気持ちでやる，ということが大切ではないかと思います。（中略）自分たちの住んでいる日本の，長年にわたって風土と文化によって培われてきたさまざまな建築から学ぶことが必要なのではないでしょうか。その上で，欧米の建築からそれぞれのよい影響を受け，新しいオリジナルなものをつくって行くべきだと思っています。」（『別冊新建築　日本現代建築家シリーズ7　吉村順三』新建築社　1983年）

　この言葉は，自国の文化が優れていて他国のものが劣っているというナショナリズム的な発言とは異なり，吉村のように世界を水平に捉えられる能力を持った人が，自身の足元を見つめることの大切さを説いた言葉であると捉えられます。つまり自分の身体に合わないブカブカの服を着るのではなく，身体にフィットした服を美しくデザインして着なさいと言っているのです。

　鬼畜米英を掲げ，西洋のルールで西洋に武力で立ち向かってゆく戦争を国際的視点で客観的に見ることができた当時数少ない日本人が吉村であり，戦時の熱狂の渦に飲み込まれることなく，現実を冷静に捉えてゆく吉村の姿勢はこのような歴史からも育まれてゆきます。

　やがてドイツ，イタリアと三国同盟が結ばれそうになると，アメリカの港にいる日本の船は全部凍結されるという記事がアメリカの新聞に出ます。その新聞を見ると吉村はレーモンドに別れを告げて日本への最終引き揚げ船で帰国します。その船の中でその後結婚する木村多喜子と出会うというドラマティックな出来事もありました。そして帰国後，太平洋戦争開戦のまさにその日，つまり真珠湾攻撃が行われた1941年12月8日に吉村は自身の設計事務所を開設します。その日を開設日にすれば事務所の開設日を一生忘れないという理由があったと後に吉村は語っていますが，開戦直前のアメリカの近代的先進性を目の当たりにしているがゆえにこの戦争がいかに無謀であるかということを知っている吉村の，戦争反対の表明だったのではなかったでしょうか。

　国の威信や権力に加勢するのではなく，あくまでも自分は建築の設計という仕事を通して市井の人々の何気ない暮らしを守ってゆくのだ，という吉村の強いメッセージを感じます。その後戦争が激しくなると吉村と同年代にも召集令状が来たそうですが，戸籍の引っ越しと引っ越し前の区役所が空襲に遭って召集令状が追いかけてこなかったことで戦争に行くことを免れたこともあり，自身の命は建築設計に捧げるという強い覚悟も生まれたのではないかと推測します。

4.　軽井沢の山荘と新宮殿

　東京下町生まれ，アメリカ，戦争，建築が吉村の中で大きなうねりとなり入力され，やがて戦後，吉村の建築が数々出力されてゆきます。吉

図表９-２　軽井沢の山荘　アプローチ

村作品で有名な軽井沢の自身の山荘を取り上げないわけにはゆきません。

この山荘は1962年，今から約60年以上前，吉村が54歳の時に完成しています。木立の中にまるで鳥小屋のような雰囲気で佇む姿は有名であり，また住宅の教科書的存在として長らく建築学科の学生にとって手本とすべきトレースの対象作品となっています。この小さな建築に吉村の建築への思想が凝縮しています。この山荘の魅力を語ることは広く吉村建築の魅力と特徴を語ることにつながります。

まずこの建築は人によっては特異な形として目に映るかもしれませんが，奇を衒（てら）ったところや人を驚かせてやろうといったところは微塵もありません。この成り立ちは現実を見つめ，維持管理や建物の持続性を考え，ここでの生活の喜びや楽しみを考えた即物的でかつ楽しさを求めた結果なのです。

軽井沢の敷地の地表面は湿気が充満しており，また背の高い木立を眺めるためには高い位置からがよく，さらに地上の動物や虫から生活を守るために１階を鉄筋コンクリート造で作り，メインフロアを地面から高く持ち上げます。今となっては２階建ての家のリビングを２階に設置することも多く見られますが，この建物はその草分け的存在になりました。１階のコンクリート部分が２階よりもかなり小さいのは，建物の堅

牢性，1階に集中的に集まる設備機械類との相性の良さ，建設コストを抑えるため，あるいは1階に屋根の架かったテラスを生み出すためです。この玄関前のテラスにも暖炉があり，火を焚くとそこは空気が乾いて実に快適な場所になります。

　2階部分は木造で造られており，敷地周辺の地形に合うような片流れのシンプルな屋根が架かり，雨仕舞いや排水の容易さ，そして自然な屋根裏部屋を生み出しています。

　このような鉄筋コンクリート造と木造が合体した構造を混構造と言い

図表9-3　軽井沢の山荘

図表9-4　軽井沢の山荘　居間

ますが，これはコンクリートの良さと木造の良さを活かした合理的な構造で，この山荘の登場以来多くの建築がこの構成を手本にすることになります。

　物事を固く考えるのではなく，それぞれの良いところを柔軟で公平な視線で，かつ現実に即して取り入れてゆく吉村の思想は，この混構造にも西洋と日本との自然な共存にも共通しているところではないかと思います。また建築家として名声を獲得した後の自邸ですが，規模は小さく慎ましやかで，贅を凝らしたところや権威的な雰囲気はどこにも見当たらないところも特徴的です。

　この山荘の設計の後，吉村は国内外の富豪の家をいくつも設計しますが，そういった家も見栄を張ったり，虚飾することなく小さく簡素な家と変わらない雰囲気で設計するところにも人としての公平さを見ることができます。

図表 9-5　吉村の東京の自邸・南台の家

図表9-6　新宮殿

　ところで現在皇居に建っている新宮殿の基本設計までは吉村の設計です。

　実施設計では宮内庁の指導が入り，吉村の方針が反映されなくなり，設計者としての責務が果たせないことから設計を降りることになります。自らの建築思想を文章に表さない吉村が，この新宮殿の設計からなぜ手を引くかという理由を示すためにまとまった文章を寄せています。ここには建築設計の仕事とはどういうことか，明治以降の近代化が生んだ技術と置き去りにされた精神の問題などが訥々と真摯に語られていて，吉村の建築思想が実に明快に表されています。この新宮殿も吉村流住宅と変わらない簡素で品格のある建物で，歩車分離，無駄のない動線，サービスのしやすさといった近代の贈り物と日本の伝統が自然と調和しています。海外の貴賓からの評価も高く，"こんなに虚飾のないエレガントなパレスは見たことない"と言われるそうです。おそらく実施設計も吉村が行っていればもっと美しく，世界からさらに称賛された建

物になっていたと推測できます。

5. 吉村の近代的表現

この小さな山荘も，宮殿も，富豪の家も，吉村のプランの特徴はどこにも無駄が見当たらないというところではないでしょうか。使われない部屋やスペース，必要のない廊下，無意味な階高，効果的ではない高い天井，費用対効果のない設備や構造などが徹底的に注意深く排除されます。しかしそのことで空間が無味乾燥になったり，情感が失われるといったところがなく，簡素で無駄がないゆえの美しさとあたたかみが備わるところに吉村の卓越したデザイン力を見ることができます。そのデザインの秘訣は“プロポーション”にあると思います。人間の身体寸法を尊重したスケール感はもちろんのこと，構造的，設備的なバランスや経済のプロポーションも含まれます。吉村の実際の建築を体験したことのある人はおそらくこの人の心身とのフィット感に感銘を受けるでしょう。あたかも空間に身体が吸いついてゆくような感覚が得られるといえばいいでしょうか。この寸法とプロポーション感覚は教科書を読んでも科学的に計算しても得られない類のもので，吉村が幼少期から慣れ親しんだ人や自然との関係性や優れた建築に出会った時の体感の蓄積からようやく生み出されるものです。

また建築に使われている材料も，誰でもいつでも入手できるような安価で普通のものです。これも吉村の建築全てに言えることですが，このような特殊ではない材料を使って，品格のある空間に昇華させる技術は，錬金術的なところがあります。そして特殊でなく安価で入手しやすい材料を使うということは，その後の修理や更新が容易であるということにつながっている点も見逃せません。

また簡素な印象の山荘ゆえに機械設備は乏しいように見えるかもしれ

ませんが，それは正反対です。そこが吉村建築の魅力であり奥深さです。寒い冬は使われずに足が遠のいて稼働率が下がることも勿体ないと吉村は考えます。建設当時に入手できる最新の設備をしっかりと取り入れ，冬でも凍えることなく快適な暖かさをしっかりと実現させます。つまり意匠設計と同じぐらい設備設計に力を注ぐのも吉村の特徴であり，そのことが不変の居心地の良い場所を作り出すことにつながっています。つまり見た目に格好の良いことだけ，斬新なことをするだけではなく，あるいは清貧を押し付けることではなく，人の五感全てに関わることのバランスの良さこそが建築には大切であることを吉村は表現しているのです。

　今のように便利な断熱材がなかった時代にも様々な工夫を凝らして断熱性能を高めようとしていた姿勢や，当時としては珍しく台所を家の表舞台に持ってきて，主婦が孤立しないでみんなで楽しく料理をしたら楽しいよ，と考えたところなどは住まいの基本を吉村が真摯に追求していた証拠ではないかと思います。吉村が"近代の良さ"をしっかり取り入れて，過去と現在と未来を自由に行き来しながら新しく民主的な建築を作るという意気込みを感じます。

「建築家として，もっとも，うれしいときは，建築ができ，そこへ人が入って，そこでいい生活がおこなわれているのを見ることである。

　日暮れどき，一軒の家の前を通ったとき，家の中に明るい灯がついて，一家の楽しそうな生活が感じられるとしたら，それが建築家にとっては，最もうれしいときではあるまいか。家をつくることによって，そこに新しい人生，新しい充実した生活がいとなまれるということ，そういったものを，建築の上に芸術的に反映させるのが，私は設計の仕事だと思う。」（朝日新聞社『朝日ジャーナル』1965年7月11日号 vol.7）

　なんとも吉村らしく平易で味わい深い言葉でありますが，時代や国境を超えて建築設計の不変の役割と価値を表しているように感じます。

6. 外面的近代と精神的近代

　吉村は新聞の紙面で"近代"ということについて語り，同時に現状の見せかけだけの近代に早い時期から警鐘を鳴らしています。

　「戦後の日本は生活の近代化を外面的にとらえることのみ追われて，人間生活に最も大切な精神面の近代化を忘れているように思われる。（中略）われわれの生活は外見的には近代化されたように見えながら，内容は旧態依然，前近代の域を出ず，明快な近代性に欠けているようだ。帝国ホテルの問題にしても皇居前美観論争にしても，東京都にとって大切な問題であるにもかかわらず，このことに対して人々はいたって無関心で，いまだに多くの都民の世論がきかれないのは，われわれの社会生活に対する前近代的な感覚の現れと言えよう。」（読売新聞1967年9月15日夕刊）

　吉村の見つめた近代の魅力とは，外面と内面がバランスよく一体化した状態であり，戦後は精神の近代化が置き去りになっており，近代性を象徴的に表す建築や都市の実状にそのことが露呈していると説いています。現在も神宮外苑の再開発などに見られるハードウェアの先進性とソフトウェアの前近代性とのギャップがより広がっており，本当に成熟した近代性が実現しているとは言い難い状況です。吉村の心配はますます深刻化しています。

　また自由に関しても次のような言葉を残しています。

「昔は町でも村でもみんなで共同して家を建てることが多かったと思うんです。町でも講があって，無尽かけておいて，こんどはどこを建てるんだということで，いつもコミュニティを意識しながら建ててるんですね。だけどいまの自由主義は相手に犠牲を強いる自由主義であって，けっしてフェアな自由主義じゃないんですよ。本当の自由主義というのは，相手の立場を考えたうえでの自由でなきゃいけないわけでね。そういうことからも，いまの町づくりは間違っていると思うんです。」（朝日新聞社『世界の市民住宅―ホームプランニング』1978年）

　ここには，住宅という仕事や市井の人々の暮らしを深い眼差しで見つめてきた吉村ならではの都市論があるように思います。

　日々の暮らしや庶民の"尊厳"（吉村は dignity という言葉でよく表す）から住宅も町も近代も捉えてゆく姿勢は，格差が広がり自分だけの利益にしがみつく現代に最も必要な視点ではないでしょうか。真の近代とは各々の人々の尊厳を表すものでなくてはならないのです。

　さらに次のようなシンプルで示唆に富む言葉を投げかけています。

「建築には資源も浪費しないで，できるだけ手間をかけないで，いい結果を得るという原則があると思います。それが，明治や西洋館が入ってきてね，いろんな飾りやなんかの外形的なものばかりを真似ることが建築のデザインだと思うようになってきた。その後日本の生活が豊かになってきてね，むしろ贅沢さみたいなものを楽しむようになっている傾向があるんじゃないか。しかし日本の歴史からいえば今は特殊な時代ではないでしょうか。

　元来は，やっぱり昔からの，日本の持っている素直さというか，正直

さというか，今いった合理性というのか，それが本当で，またいつか
は，そういう時代に戻ってくるんじゃないかという気がするんだよ
ね。」（吉村順三・宮脇 檀『吉村順三のディテール：住宅を矩計で考え
る』彰国社　1979年）

　残念ながら吉村が言う，"そういう時代"にはまだ戻っていないよう
に思います。

　しかし資源やエネルギー問題が深刻化する今，もう一度吉村が表した
浪費しないで合理的に，そして現実的につくる簡素で品格のあるものの
存在はこれからますます貴重になり，やがて人々はこの価値に気付かざ
るを得なくなるのではないでしょうか。

　吉村が言うように日本にとってこの近代の150年間は特殊な時代で
あったと振り返られるように，そして人間一人一人の尊厳が回復される
時代が来るように建築を通して世界を見つめてゆくことが必要なので
す。

参考文献

『別冊新建築　日本現代建築家シリーズ7　吉村順三』新建築社　1983年

吉村順三『火と水と木の詩：私はなぜ建築家になったか』新潮社　2008年

永橋爲成監修，吉村順三建築展実行委員会編『建築家　吉村順三のことば100　建
　築は詩』彰国社　2005年

中村好丈『続・住宅巡礼』新潮社　2002年

吉村順三・中村好丈『吉村順三　住宅作法』世界文化社　1991年

吉村順三『小さな森の家　軽井沢山荘物語』建築資料研究社　1996年

10 | 前川國男の求めたもの
モダニズム建築を日本に根づかせるために

松隈 洋

《**目標＆ポイント**》　日本の近代建築の黎明期を支えた日本の代表的建築家の前川國男は，都市的なスケールと人々の身体感覚に即したスケールの両方を巧みに同居させたヒューマンな公共の場所を数々生み出しました。また賞味期限の長い意匠，そして耐久性の高い素材や工法の探求も見逃せません。
《**キーワード**》　ル・コルビュジエ　モダニズム建築　木村産業研究所　自由な平面　東京文化会館　テクニカル・アプローチ　木造　コミュニケーション

　前川國男（1905〜86年）は，戦間期と呼ばれる二つの世界大戦に挟まれた1928年から1930年までの２年間，フランスのパリにあったル・コルビュジエのアトリエに初めて学んだ日本人でした。

　帰国後は，アントニン・レーモンドの事務所で５年間の設計実務の経験を積んだ後，1935年10月１日に独立して事務所を設立し，以降，亡くなるまでの約半世紀にわたって建築家として活躍し，戦前戦後の日本の近代建築に大きな足跡を遺した建築家です。前川がその生涯に設計を手がけた建物は，竣工したものだけで

図表10-1　前川國男（1905〜86年）1983年
撮影／廣田治雄（前川建築設計事務所蔵）

も200件を超えています。彼の名前を知らなくても，神奈川県立図書館・音楽堂，東京文化会館，国立国会図書館，東京都美術館，福岡市美術館，宮城県美術館，紀伊國屋ビルディング，東京海上ビルディングなど，多くの公共建築や街角の建物で，知らずに接している人も多いと思います。また，それらの仕事に対しては，史上最多となる6度に及ぶ日本建築学会作品賞や初となる日本建築学会大賞をはじめ，日本芸術院賞，オーギュスト・ペレー賞，朝日賞や毎日芸術賞など，多くの賞を授与されています。さらに，彼の下からは，戦後に活躍する丹下健三，大高正人，鬼頭梓など，多くの建築家が巣立っていきます。そうした意味からも，前川は，文字通り，日本の近代建築を牽引した主導者の一人でした。

　しかし，その81年の生涯は，1945年8月15日の敗戦で二分されています。すなわち，日露戦争最中の1905年に生まれた前川の前半生は，常に断続的に続く戦時下にあり，1986年に没するまでの後半生は，敗戦後の戦後復興から高度経済成長を経てバブル経済が崩壊する直前までの激動の時代と重なるのです。また，何ら後ろ盾のない在野の一建築家という立場にあったことを考え合わせるとき，前川の建築家としての歩みは，けっして恵まれたものではなかったことが分かります。それでは，前川は，ル・コルビュジエとレーモンドから何を学び，どのような近代建築を目指したのでしょうか。そこで，ここでは，前川の建築家としての軌跡と設計を手がけた代表的な建築を振り返りながら，そこに込められた建築思想と設計方法について，考察していきたいと思います。

1. 父・貫一の背中と建築の社会的な使命の自覚

　前川國男は，1905年5月14日，父・前川貫一と母・菊枝の長男として，新潟市に生まれています。

　貫一は，1897年に東京帝国大学土木工学科を卒業して内務省の土木技師となり，1898年8月から新潟へ転任し，信濃川に分水路をつくるための調査と計画立案に携わっていました。「暴れ川」と呼ばれ，洪水による水害を起こして農民たちを苦しめていた信濃川に，人工的に支流の大河津分水路をつくる国家的な事業でした。

　そんな中で，青森県弘前出身の菊枝と結婚し，長男の國男が生まれるのです。晩年の回想によれば，前川が建築家になりたいと思ったのは，新潟時代の幼少期に，貫一に「お前

図表10-2　父・貫一，母・菊枝と前川國男（前川建築設計事務所蔵）

図表10-3　信濃川の大河津分水路　　　　撮影／筆者

は大きくなったら，うちを建てる人にならないかなあ」と言われたから
だというのです。おそらく，百年単位の地道な治水事業の土木工事を
担っていた貫一は，息子には，より身近な存在である建築の仕事を志し
てほしい，と希望したのかもしれません。そんな父の背中を見て育った
前川は，土木や建築は人びとのためのものであるという自覚を受け継い
だのでしょう。次のような，晩年の貫一が記した文章と，前川が独立後
の日中戦争下に綴った文章を並べてみると，父・貫一とのつながりを読
み取ることができます。

「分水工事の結果として，本川洪水の大部分は此の放水路により取除か
れ，（中略）二万町歩に亘る水田の湛水を著しく軽減し，穀倉たるの実
を挙げ，殊に河口の流砂を防止し新潟港の発展を促したる等，其の利益
は巨多の犠牲を償って余りあるものと思うのである。」※1

「一本の鋲を用ふるにも一握のセメントを用ふるにも国家を社会をそし
て農村を思はねばならぬ。」※2

　貫一は，1909年5月に，続く利根川の改修計画のために東京土木出張
所へ転勤し，本郷に居を構えます。こうして，前川は，4歳から東京で
育ち，終生，東京で暮らしました。そのため，18歳だった1923年9月1
日の関東大震災に遭遇し，東京が焦土と化す光景を目撃したのです。お
そらく，そのことも建築を志すきっかけとなったに違いありません。ま
た，そんな旧制・第一高等学校時代の前川にとって，心の拠りどころと
なったのが，ジョン・ラスキンの著書『建築の七燈』でした。後年，
「合理的建築にひかれてコルビュジエの門を叩いたのは何故だったのだ
ろう」と自問した文章に，次のように記しています。

「僕個人に関する限り，それはラスキンの名著『建築の七燈』の影響，殊にあの本の第2章にかかれた『真実の燈』からうけた強烈な印象と，第1次世界戦争の戦後急激に起った住宅不足に対応すべきであるという建築家の使命感であった。（中略）戦後のヨーロッパはお定まりの住宅難に苦しんでいた。それを救うために住宅の生産を近代工業生産にのせて，より早く，より安く，より安価に生産することに建築家は，その全力を傾ける社会的責任があると思われた。」※3

　前川の旧制中学高校時代は，急速な近代化の下で貧富の格差が拡大し，人びとは不安を抱えて苦しんでいました。そのため，河上肇『貧乏物語』（1917年）が評判となり，米騒動（1918年）や労働争議が起き，1920年に第1回メーデーが開催されるなど，大正デモクラシーと呼ばれた時代でもありました。そんな中で，前川の建築の社会性に対する意識が育まれていったのです。

2．なぜル・コルビュジエに学ぼうとしたのか

　こうして，1925年4月，前川は，東京帝国大学工学部建築学科に入学します。同級生には，後に建築家として活躍することになる谷口吉郎や市浦健，構造家として前川のよきパートナーとなる横山不学がいました。前川にとって大きかったのは，時を同じくして着任した若き助教授の岸田日出刀（1899～1966年）の存在です。着任早々，岸田は欧州の建築視察に出かけ，1926年5月，パリで発刊されたばかりのル・コルビュジエの5冊の著書を購入して持ち帰り，フランス語を勉強していた前川に読むようにと貸し与えたのです。この偶然が，ル・コルビュジエのアトリエに入所する強い動機になっていきます。後年，彼の著書『今日の装飾芸術』との出会いについて，前川は，次のように回想しています。

「彼（ル・コルビュジエ）の著書は，建築の設計とはどうやってやるものか五里霧中で迷っていた学生の私にとって文字通り闇夜の灯であった。『……青年達にとって大都会は千^{セン}の扉にとざされて，人はそのなかにフォークの響を耳にしながらも空しく飢に死なねばならぬ沙漠であった……』

『今日の装飾芸術』の巻末に誌^{しる}されたコルビュジエ半生の『告白』を諳^{そら}んじる程読み返した私はついに矢も盾もたまらなくなって1928年3月31日卒業式の夜，東京を発ってシベリヤの荒野をパリにはしった。」※4

　ここに綴られていることからも，前川がル・コルビュジエに惹かれたのは，彼の目指すものが，人びとが安心して暮らせる生活環境の創造である，という点にあったことが読み取れます。幸いなことに，母・菊枝の実兄の佐藤尚武が，当時，国際連盟の事務局長としてパリに駐在していたので，前川の身元引受人となってくれることになりました。こうして，前川は，彼に学ぶべく，約1年半をかけて「大戦後の近代建築（ル・コルビュジエ論）」と題する卒業論文を執筆し，1927年12月に提出します。その内容は，岸田から借用した『建築をめざして』，『今日の装飾芸術』，『ユルバニスム』など，ル・コルビュジエの5冊の原書をすべて読み込み，彼の文章を日本語に翻訳して引用しながら，その建築思想の広がりを，共感を持って考察するものでした。また，それに続いて，前川は，「10キロ放送局」と題する卒業設計を慌ただしく完成させます。そして，1928年3月31日の卒業式の夜に東京から夜汽車で神戸に入り，神戸港から船で中国に渡り，シベリヤ鉄道経由でフランスへと向かい，パリのル・コルビュジエのアトリエに入所するのです。

3. ル・コルビュジエのアトリエで　1928〜30年

　それでは，ル・コルビュジエのアトリエに入った前川は，何を学んだのでしょうか。実は，前年の1927年に行われた国際連盟本部会館の国際コンペで，ル・コルビュジエの応募案は上位に入賞したにもかかわらず，旧来の様式建築に固執する審査員により，些細なミスを理由に失格扱いにされてしまいます。そのため，ル・コルビュジエは，パリの画廊で展示を行ない，審査結果に抗議して訴訟を起こし，その顛末を著書『住宅と宮殿』にまとめるなど，自らの応募案の正当性を訴える活動を展開していたのです。また，前川の入所した1928年には，モダニズム建築の道筋を切り拓くべく，ドイツの造形学校バウハウスの創設者のヴァルター・グロピウスやミース・ファン・デル・ローエ，スイスの建築史家のジークフリード・ギーデオンらと近代建築国際会議（CIAM）を創

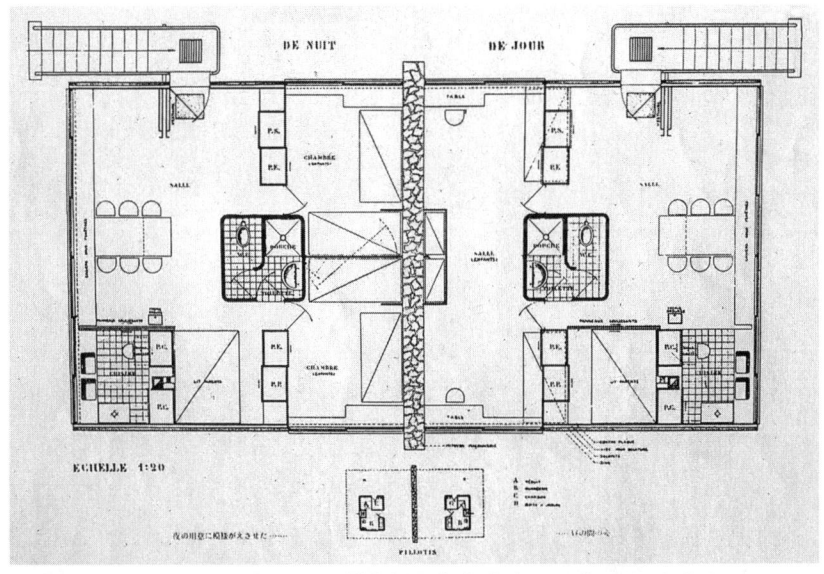

図表10-4　ル・コルビュジエ「最小限住宅案」1929年 W.ボジガー，O.ストノロフ編，吉阪隆正訳『ル・コルビュジエ全作品集』第1巻（A.D.A. EDITA Tokyo　1979年）より転載

設し，翌1929年にドイツのフランクフルトで開催された第2回の大会では，第一次世界大戦後の住宅不足解決のための，工業化による「最小限住宅」の提案をテーマに掲げ，会員たちが設計案を持ち寄ったのです。この時，ル・コルビュジエの設計案を担当したのが前川でした。

　歴史の偶然は，前川に，図らずも，モダニズム建築が旧体制との対決を避けられないこと，建築の工業化によって住宅不足を解消することが建築家の社会的な使命であることを教えたのです。

4. 1930年の帰国とアントニン・レーモンドから 学んだこと　1930〜35年

　こうして，丸2年間のアトリエでの修業を終えて，1930年4月，日本へ意気揚々と帰国します。

　けれども，前川を待ち受けていたのは，昭和恐慌下の厳しい経済状況でした。就職先も見つからず，前川は，本郷の自宅で商業コンペに応募しながら，ル・コルビュジエの著書『今日の装飾芸術』の翻訳に取り組

むのです。帰国直後の1930年6月1日付けでル・コルビュジエに書き送った手紙の末尾には，次のような言葉を記していました。

「東京に戻って，すでに1ヵ月半が経ちました。そして現在，私は，私がいない間の日本で何が起ころうとしているのかを理解しようとし始めています。見るもの聞くものすべてが恐ろしいほど嫌気がさします。今日では，もし私たちが，真

図表10-5　1930年4月，帰国して船を降りる前川國男
（前川建築設計事務所蔵）

剣に取り巻くすべての現実の条件と状況を見つめるなら，私たちには，二つの選択肢しか残されていません——ニヒリズムになるか，左翼になるか。」

　当時の前川の心境が読み取れます。ようやく，8月に，アントニン・レーモンドの事務所への入所がかない，5年間，設計実務を学ぶことになります。レーモンドからは，日本の木造建築の中に自分たちの求める建築の手がかりがあることを教えられ，逆に，前川は，ル・コルビュジエの設計方法をレーモンドに伝えていくのです。また，その後の前川にとって重要だったのは，現場監理を含む設計実務の全般について，実際の建築を通じて多くを学ぶことができたことでした。しかし，レーモンド事務所は，日中戦争から太平洋戦争へと突き進む時代の急速な暗転で行き詰まり，1935年9月末，前川は，同僚の部下3名と共に退職し，10月1日に自らの事務所を創設して独立します。このレーモンド事務所の在籍中に，前川が手がけたのが，その後の仕事を暗示するふたつの建築でした。

5．東京帝室博物館コンペ（1931年）と木村産業研究所（1932年）

　帰国した前川が，自らの主張を伝えるための唯一の方法として挑み続けたのが，当時盛んに実施されていた公開コンペでした。その最初の起点であり，前川の名を一躍高めたのが，1931年の東京帝室博物館コンペです。しかし，当時のコンペは，平面図が与えられ，外観のデザインを「日本趣味」や「東洋趣味」と規定した極めて制約された要項に縛られていました。そんな中で，前川は，「東洋趣味を基調とする日本式」と規定された東京帝室博物館に挑みます。与えられた平面図をゼロからつ

くり直し，外観は，ル・コルビュジエに学んだ装飾も勾配屋根もない白色の幾何学的な造形でまとめ上げたのです。当然ながら落選しますが，前川に注目した雑誌『国際建築』に，その応募案と「負ければ賊軍」と題した文章が掲載されます。

　前川は，明らかに，ル・コルビュジエの国際連盟本部会館コンペの闘いに倣い，自らの信じる方法を提示しようとしたのです。

　そして，パリで知り合った弘前出身の駐仏武官の木村隆三からの依頼で，翌1932年12月，前川にとって記念すべき最初の建築である木村産業研究所が青森県弘前市に竣工します。

図表10-6　前川國男「東京帝室博物館コンペ前川國男案透視図」
　　1931年　　　　　　　　　　「新建築」1931年7月号より転載

図表10-7　前川國男「木村産業研究所」1932年　ポス
　　トカード　　　　　　　　　（前川建築設計事務所蔵）

　前川は27歳の若さでした。パリ時代の最後の時期に，前川は，1931年に竣工するル・コルビュジエのサヴォア邸の建設現場を訪ねていました。それだけに，わずかその１年後に日本に実現させたこの建物は自信作でもあったのだと思います。しかし，当時の前川に見えていなかったことがありました。それは，ル・コルビュジエに倣った庇もない白いモダニズム建築を厳冬の雪に閉ざされる弘前につくれば何が起きるのか，についての建設技術の脆弱さへの想像力です。竣工直後，大雪という自然の試練に晒された木村産業研究所は，あっという間に朽ち果ててしまいます。けれども，この技術への過信による手痛い挫折こそ，現在の私たちの知る前川國男の建築思想と方法を練り上げていく原動力となったものでした。

6. 1935年事務所設立後の第一作，森永キャンデーストアー銀座売店

　レーモンド事務所に働きながら，このような挑戦をしていた前川が，1935年10月１日の事務所設立後，最初に手がけたのが森永キャンデーストアー銀座売店です。

　しかし，それは，掲載誌に「バラック商店建築の改造」※5と自嘲的に前川が記したように，既存のレンガ造の喫茶店を改装する粗末な仕事でした。それでも，前川は，ル・コルビュジエに学んだ「自由な平面」と「自由な立面」という方法を試みていくのです。

図表10-8　前川國男「森永キャンデーストアー銀座売店」1935年
「新建築」1936年２月号より転載

こうして，小さな仕事から歩み出した独立直後の前川は，次のような言葉を書き留めていました。

「欧米の新建築家の驥尾に付して，機能主義建築，合理主義建築とやらを声高に叫んだ建築家はあった。これを目して，小児病的狂熱と罵った建築家もあった。しかし，これらの建築と四つに取り組んで，死ぬほどの苦しみをした建築家のあったことを未だに知らない。」※6

　この言葉からは，ル・コルビュジエとレーモンドから学び，自らもその可能性を信じたモダニズム建築と「四つに取り組んで」いこうとする初心の覚悟が読み取れます。そして，この言葉のとおり，前川は，続く厳しい戦時下を生きていくのです。

7. 太平洋戦争下の模索と方法論の発見　1942〜43年

　そして，戦後に開花する独自の設計方法論への手がかりを前川がつかむのも，続く過酷な太平洋戦争下だったのです。1937年の日中戦争の開戦後，戦争遂行のために建築資材の統制が始まります。そのため，鉄やコンクリートを用いた建築をつくることはできなくなり，木造バラックと呼ばれる時代に突入していました。そんな中で，前川が取り組んだのが，延床面積30坪制限下に建設した自邸（1942年）と，戦前最後の実施を前提とする公開コンペとして行われたタイ王国の首都バンコクに計画された木造の在盤谷日本文化会館の応募案（1943年）でした。

　いずれも，それまでの前川の建築には見ることのなかった勾配屋根の日本風のデザインであり，そのことが戦後に，戦時下の前川の転向や挫折として論じられることになります。しかし，このふたつこそ，戦時下の張り詰めた中で，前川が日本の木造文化の伝統から発見し，戦後に実

図表10- 9　前川國男「前川國男自邸」1942年　　　撮影／筆者

図表10-10　前川國男「在盤谷日本文化会館コンペ前川國男案（2
等）透視図」1943年　　　　　　「新建築」1944年 1 月号より転載

作として結実することになる「一筆描き」と名づけた空間構成の方法論の萌芽となるものでした。太平洋戦争の最中に執筆された文章に，前川は，次のような言葉を書き留めています。

「いま大戦争のまっただ中に形を思い様式を論ずるということは，バラックを作る手を休めて，防空壕を掘る手を休めて，空虚なる思索に沈潜せよとの謂いではないのだ。（中略）われらの造形理念出生の揺籃はわれらをとりかこむ全環境なのである。バラックを作る人はバラックを作りながら，工場を作る人は工場を作りながら，ただ誠実に全環境に目を注げと言いたいのである。」※7

　前川が日本の木造建築の伝統から学び取ったのは，建築の内外の空間とその周囲の環境との連続性によって生み出される，流れるような空間構成という特質でした。建築という図と環境としての地を等価に扱いながら，内と外の空間が有機的につながり，そこに人々の拠りどころとなる場所をつくる方法への手がかりをつかんだのです。在盤谷日本文化会館コンペを批評した浜口隆一は，前川案について，「前川氏の建築がその最も見事な姿を示すのは大勢の人間が楽しくそこに集う日である」※8と，その特徴を的確に見抜いていました。そして，この方法論が，戦後に前川の実作に結実していくのです。

8. 敗戦後のスタートライン　1945〜50年

　1945年5月25日に東京を襲ったアメリカ空軍の焼夷弾による山の手空襲で，銀座の事務所を焼失させた前川とスタッフは，1942年に竣工した前川自邸の居間に事務所を構え，敗戦を迎えます。
　前川が最初に取り組んだのが，戦時下に軍事用の木製グライダーを製

造していた鳥取県の工場で，同じ製造ラインを転用した木造組立住宅プレモスの試作でした。

図表10-11　戦後の前川自邸居間の製図室
（前川建築設計事務所蔵）

図表10-12　前川國男「木造組立住宅プレモス」1946〜51年
（前川建築設計事務所蔵）

　そこには，戦災によって420万戸もの住宅が不足する事態に対応しようとした前川の思いが込められていました。当時前川が記した次のような文章があります。

　「敗戦の日本には資材も金も足りないことは分かりきっている。それだからといって壕舎<ruby>壕舎<rt>ごうしゃ</rt></ruby>生活や同居生活や身動きならぬ6坪住宅でどうして我々は一人前の生産ができようか？　どうして日本の再建ができようか？（中略）われわれはまだ机の上の辻褄を合わせることばかり考える前に，必死の知恵をしぼって生活の確立を考えるべきだ。普通の住宅6坪を建てる資材で10坪を建てる方法はないか？　1坪7000円かかるものが5000円ですむ方法はないか？　こうした努力こそ，日本の建築家の社会的責任であり，日本の生産者の国民的義務である。」[※9]

　この言葉からも読み取れるように，前川は，遠くル・コルビュジエの下で担当した最小限住宅案の試みを，敗戦直後の日本で実践しようとしたのです。プレモスは，疲弊した敗戦直後の混乱もあり，北海道や九州の炭鉱労働者のための宿舎などに約1000棟が建設されただけで挫折を余

図表10-13　前川國男「紀伊國屋書店」1947年　撮影／渡辺義雄

儀なくされますが，前川の立ち位置を象徴する仕事でした。また，その最中の1947年に，木造の紀伊國屋書店が竣工し，戦後の出発点となっていきました。

9. テクニカル・アプローチの時代　1950〜61年

　1950年，戦前から長く続いた建築資材統制がすべて解除され，ようやく鉄骨や鉄筋コンクリートを使った建築をつくることができる時代に入ります。これを受けて，前川と所員たちが取り組んだのが，日本相互銀行の小さな支店群と1952年に竣工する本店を軸とする「テクニカル・アプローチ」と呼ばれる試みでした。

　それは，戦争で途絶していた日本の建設技術を，先を行く欧米と同じスタートラインに立たせるために，ル・コルビュジエの提示した「自由

図表10-14　前川國男「日本相互銀行本店」1952年
撮影／渡辺義雄

な平面」と「自由な立面」が可能な構造形式の実現と，安心して使える工業化材料と構法の開発が目標に掲げられたのです。幸いなことに，打込みタイル構法につながる焼物のタイルやプレキャスト・コンクリート部材，スチール・サッシュの開発では，職人気質の優れた技術者たちが，前川の仕事を支えていきます。

　こうして，「一筆描き」の流れるような空間構成を初めて実現させた神奈川県立図書館・音楽堂（1954年）や岡山県庁舎（1957年）から，外部へ開かれた中庭を囲む公共的な広場を提案した世田谷区民会館・区庁舎（1959・60年）や焼物タイルを外壁に初めて用いた京都会館（1960年）を経て，東京文化会館（1961年）へと至る公共建築が，次々と生み出されていったのです。

図表10-15　前川國男「神奈川県立図書館・音楽堂」1954年
撮影／筆者

図表10-16　前川國男「岡山県庁舎」1957年　　撮影／川澄明男

図表10-17　前川國男「世田谷区民会館・区庁舎」1959・60年
撮影／筆者

図表10-18　前川國男「京都会館」1960年　　撮影／筆者

図表10-19　前川國男「東京文化会館」1961年　　撮影／筆者

10．モダニズム建築への懐疑と都市への提案
1962〜70年

　東京文化会館の竣工後，前川は，合理主義的なモダニズム建築の在り方を相対化するような方向へと進んでいきます。そこには，高度経済成長による都市の巨大化と建設産業の肥大化，公害問題の発生による環境の悪化という時代の軋みが投影されていました。また，その間のヨーロッパ滞在の際に訪れたベルギーの古都ブルージュなど，中世の街並みに魅せられた前川は，時間に耐えて成熟し，語りかけるような建築を追い求めていくのです。こうして，それまでの明るく開放的な空間構成から，むしろ，日本相互銀行砂町支店（1961年）で初めて試みた焼物タイルを型枠に先付けしてコンクリートと一体化させる打込みタイル構法の外壁に包まれた閉じた単位空間の組合せによる陰影のある内省的な空間構成を志向していきます。また，紀伊國屋ビルディング（1964年）では，「われわれは渇ききった砂をかむような町の中に，何か一息つける場所をつくりたいと随分考えた心算です」※10と記したように，都市の中に拠りどころとなる広場的な空間をつくり出す方法を提案します。

　続く埼玉会館（1966年）では，大ホールのホワイエを地下に埋めて，その屋上を中庭的な広場とする提案を試みます。

図表10-20　前川國男「紀伊國屋ビルディング」1964年　　撮影／筆者

図表10-21　前川國男「埼玉会館」1966年　　　撮影／筆者

　さらに，蛇の目ミシン本社ビル（1965年）では，1階の足元に回廊状の
公共的な空間を設けて，街角に拠りどころとなる場所を創出するのです。

図表10-22　前川國男「蛇の目ミ
シン本社ビル」1965年
　　　　　　撮影／筆者

図表10-23　前川國男「東京海上
ビルディング」1974年
　　　　　　　撮影／筆者

　そして，それらの成果を踏まえて，1963年の建築基準法の改正により，戦前から長く続いていた31mの絶対高さ制限の撤廃と容積制（延床面積／敷地面積）への移行を受けて，敷地の 2 ／ 3 を公共的な広場として開放する超高層ビルの提案となる東京海上ビルディング（1974年）を実現させていきます。

　その際，長方形の平面を重ね合わせた鎖状のプランと柱と梁の格子状の構造体を外周に廻らし，磁器質タイルを打込んだプレキャスト・コンクリート板で覆うことによって，風雨に耐え，安心して執務ができる陰影のある独自の外観を創り上げたのです。

11．方法論の洗練と合理主義からの離脱　1971〜86年

　そうした試みを経て，1970年代に入ると，前川の建築は，周囲の自然環境に溶け込むような力強くも控え目な環境造形とでも呼べるたたずまいへと深化していきます。それは，豊かな自然環境や歴史のある城址という敷地条件との出会いから，前川が学び得たことでもあったのだと思います。こうして，それまでの作風とは大きく異なり，環境に溶け込み，建築が周囲の自然を引き立てるような控え目で，しかし骨格の確かなものへと転換するのです。その試みは，埼玉県立博物館（1971年），

図表10-24　前川國男「埼玉県立博物館」1971年　撮影／筆者

東京都美術館（1975年）を経て，ひとつの到達点である熊本県立美術館（1976年）へと至る建築に結実します。

図表10-25　前川國男「東京都美術館」1975年　　撮影／筆者

図表10-26　前川國男「熊本県立美術館」1976年　　撮影／筆者

　その竣工の翌年に書き留めた，次のような前川の言葉が残されています。

　「建築を作り上げる素材及び構法はもっとも『平凡』なものが一番よいと考えます。そのような単純明快な素材及び構法によって『非凡な結果』を得ることこそが大切だと考えます。」※11

　そして，木村産業研究所の挫折から半世紀が経った1983年，最晩年の前川は，勾配屋根と骨太な車寄せを持つ弘前市斎場を完成させて，日本の伝統と気候風土に着地する自らの求めたモダニズム建築を締めくくるのです。
　最晩年に語った前川の次のような発言があります。

　「建築っていうのは，人生のはかなさに対する何らかの存在感を索めた

図表10-27　前川國男「弘前市斎場」1983年　　　撮影／筆者

い，というところに本当の意味があるんじゃないのかって思うんだな。
（中略）芸術というのも，そういう，いわば日常茶飯から始まるんで
あってね。そのことを抜きにして，たんにエステティックにのみ語られ
るのはおかしいと思う。やっぱりね，もしも建築が芸術であるならば，
建築家っていうのは，骨身を砕いて存在感を求め続ける人間のことだ
よ，そうだろう？　そこに多くの人たちとのコミュニケーションの絆が
ある」※12

　さらに，1985年，懐かしい生まれ故郷に，新潟市美術館を竣工させた
前川は，翌1986年6月26日，81歳でこの世を去ります。
　前川國男の建築から見えてくるのは，日本の気候風土に根づき，時間
に耐える確かな存在へ育て上げようとした格闘の軌跡です。それは，現
代の建築と都市の在り方を考える上で，貴重な手がかりと希望を与えて
くれるものだと思います。

図表10-28　前川國男「新潟市美術館」1985年　　撮影／筆者

※1 前川貫一「私の河川道中記」『旧交会員懐古追想録第一輯』1955年

※2 前川國男「建国記念館計画説明書」『国際建築』1937年12月号

※3 前川國男「坂倉準三への手紙」大きな声刊行会編『大きな声 建築家坂倉準三の生涯』鹿島出版会1975年

※4 前川國男「まえがき」ル・コルビュジエ著，生田勉訳『伽藍が白かったとき』岩波書店1957年

※5 前川國男「商店建築の改造」『建築知識』1936年5月号

※6 前川國男「主張」『建築知識』1936年11月号

※7 前川國男「覚え書」『建築雑誌』1942年12月号

※8 濱口隆一「日本国民建築様式の問題」『新建築』1944年10月号

※9 前川國男の言葉「プレモスについて」『前川國男建築事務所作品集第1輯』工学図書出版社1947年

※10 前川國男「設計者の言葉」『紀伊國屋ビルディング竣工記念パンフレット』1964年

※11 前川國男「建築とインテリアを担当して四半世紀」『株式会社紀伊國屋書店創業五十年記念誌』1977年

※12 前川國男インタビュー「生きた建築をもとめて」前川國男著，宮内嘉久編『一建築家の信條』晶文社1981年

● 図表画像データ提供＝前川國男建築設計事務所

参考文献

前川國男著，宮内嘉久編『一建築家の信條』晶文社　1981年

前川國男『前川國男＝コスモスと方法』前川國男建築設計事務所　1985年

前川國男・MID同人『前川國男のディテール』彰国社　1979年

『追悼 前川國男』前川建築設計事務所　1987年

宮内嘉久編『前川國男作品集—建築の方法』美術出版社　1990年

前川國男文集編集委員会編『建築の前夜—前川國男文集』而立書房　1996年

宮内嘉久『前川國男賊軍の将』晶文社　2005年

生誕100年・前川國男建築展実行委員会監修『建築家・前川國男の仕事』美術出版

社　2006年

前川國男建築設計事務所 OB 会有志編『前川國男・弟子たちは語る』建築資料研究
社　2006年

『PROCESS:Architecture 前川國男：近代日本建築の源流』第43号　プロセスアーキ
テクチュア　1984年

『みんなでまもった美術館　現地存続運動全記録』宮城県美術館の現地存続を求め
る県民ネットワーク　2021年

大和田雅人『宮城県美術館 誕生から移転断念まで 未来へつなぐ40年の軌跡』プラ
ンニング・オフィス社　2022年

松隈 洋編『前川國男 現代との対話』六耀社　2006年

松隈 洋『建築の前夜 前川國男論』みすず書房　2016年

松隈 洋『未完の建築 前川國男論・戦後編』みすず書房　2024年

松隈 洋『近代建築を記憶する』建築資料研究社　2005年

11 | ルイス・カーンの意志
時代を超えた建築表現

堀部安嗣

《**目標&ポイント**》　古典と近代を高いレベルで繋ぎ合わせたアメリカの建築家ルイス・カーン。構造や設備計画に現代的な解釈を加えながらも timeless で悠然とした建築表現を示しました。持久力のあるカーンの実践には多くの学ぶべきものがあります。
《**キーワード**》　カーン　キンベル美術館　設備計画　サーブド&サーバント・スペース

1. 近代を表し，近代を超克する

　数多くの近代建築家の中でも，独特の個性と特別な存在感を放っているのがルイス・カーンです。

　同じアメリカの近代建築家であるフランク・ロイド・ライトなどと比べると一般的な知名度は低いのですが，建築家からは多くの尊敬を集め，そのカリスマ性と玄人好みの作風は時代や時流に左右されない確固とした魅力と評価を築いています。

　カーンは紛れもない近代建築家です

図表11-1　ルイス・カーン

が，どこかその作風は近代という枠を超えています。近代以前の歴史を深く遡った古代の建築がもつ原初的なフォルムや構造に，近代以降の生活や営みに対応する機能性や性能を高いレベルで融合したのがカーンの特徴ではないでしょうか。近代を表し，近代を超克した独特の手法は，他の誰も真似のできないもののような崇高な雰囲気を持っていますが，ここではできる限りカーンを身近に親近感を抱けるような記述を心がけて，カーンの建築に迫りたいと思います。なぜならそのような建築が表現する親密さや寛容さを，実はカーンが最も大切にしていたからなのではないかと考えるからです。気高さや崇高さと，親密さや寛容さは共存できることをカーンは十二分に示しています。そしてそれこそが建築の魅力であることを伝えています。

そして重要なことはカーンの建築は図面や写真からは，ほぼ正確に読み取れないということです。とにかくそこを訪れ，その空間に身を置かなければわからない類の建築であり，そして訪れるたびに新たな発見があるのがカーンの建築であり，それは古今東西偉大な建築に共通する特徴なのではないでしょうか。

ここではカーンのいくつかの建築を実際に訪ねた時の体感の記憶を頼りに，カーン建築の見方を示しながら，その魅力を平易に解き明かしてみたいと思います。

2. 遅咲きの建築家

後に20世紀最後の巨匠と呼ばれるようになるものの，カーンは50歳くらいまで仕事に恵まれず，第一線に出ることもなく，フィラデルフィアを拠点に細々と設計に従事していました。実質的なデビュー作と言われる「ペンシルベニア大学リチャーズ医学研究棟」を設計したのは1957〜60年のことです。

図表11-2　ペンシルベニア大学リチャーズ医学研究棟

　カーンはこの建物で，彼が生涯にわたって提唱した「サーブド・スペース（served spaces）」と「サーバント・スペース（servant spaces）」の分離を図っています。サーブド・スペースは日本語で言うと「奉仕される空間」で，一方，サーバント・スペースは「奉仕する空間」となります。

　わかりやすく住宅に例えると，サーブド・スペースは居間や食堂や寝室といった居室であり，サーバント・スペースは台所や納戸や階段室や機械室といった生活を支える裏方のスペースとなります。例えば納戸が充実していなければ居間にはものが溢れてしまいます。台所が快適でしっかり計画されていなければ食堂に美味しい料理が運ばれることはありません。あるいは寝室の上部に配管が縦横無尽に走っていては落ち着いて静かに眠ることはできません。階段の設計がまずければ生活に大きな支障を来すでしょう。つまり表舞台と裏舞台は相関関係にあり，どちらが大切ということではなく両方同時に建築的に考えなければならない

という考え方です。それに加えてカーンはその2つのスペースは役割や性格が異なるので，当然それらに与えられる構造や素材，そして場所，領域もそれらにとってふさわしいものにするべき，と考えました。

　リチャーズ医学研究棟はそうしたカーンの考えを象徴的に，また強烈に示し世界の評価を一気に集めましたが，サーブド・スペースとサーバント・スペースの原理原則をあまりにも徹底して完全分離を突き詰めた結果，実際の使い勝手に支障を来す所も多々生まれ，オリジナルから変更されている箇所もあります。しかしカーンはこの建築の成功の裏にある失敗に対しても目をつぶることなく，また決して諦めずに自身の思想をさらに強化し，深化させてゆきます。

　カーンがこのような建築のアプローチを取る理由には，1950年から3か月ほどイタリア，エジプト，ギリシャを旅行した経験が大きかったようです。

図表11-3　旅行中のスケッチ

　時代の潮流であった薄く細く軽いモダニズム建築に影響を受けつつも
どこかに違和感を抱いていたこと，大学のボザール教育で古典建築を学
んだこと，そして時代を超越した光と影の織りなす古代建築の力強い様
相をヨーロッパで目の当たりにしたこと，それらのことが旅行中に一気
にカーンの中で矛盾なく統合されて自分の作るべき建築のヴィジョンが
生まれたからだと思います。

　例えば，近代以降に登場する空調換気のための数々の設備配管やダク
ト，おびただしい数の電気配線，あるいは構造補強材などを"邪魔も
の"と見なして多くの近代建築は薄いボード天井を貼ってその中に隠蔽
をしてゆきます。その結果現れる建築はハリボテとなり，見た目は軽快
で格好がいいけれども，実は臭い物に蓋をするような行為の積み重ねで
建築が作られてゆくことにつながってゆきます。カーンはそんな建築の
あり方を否定します。そして現代の営みが必要とするものや，現代で入
手できる素材を使って，古代の建築が持っている裏表のないソリッドな
構造，躯体，佇まいを実現させようとしたのです。近代建築が陥ってゆく
大量生産や工業化による軽薄短小な表現に抗うように，当時から近代建
築に警鐘を鳴らしていたのもカーンの個性といえるでしょう。

3．エシェリック邸

　サーブド・スペースとサーバント・スペースの考え方は「エシェリッ
ク邸」にも色濃く表れています。

　大きなガラス開口があるのがサーブド・スペース，ないのがサーバン
ト・スペースで，それらが交互に並ぶ平面構成です。平凡なプランに見
えるかもしれませんが，住宅という小さな規模においてもこの原理がシ
ンプルに実現できているのは，簡単そうに見えて実はとても難しいこと
です。

図表11-4　エシェリック邸

　4つの立面は，その明快な構成に従って開口部の位置が静かに淡々と自動的に決まってくるのですが，北東面だけは水回りや機械室，家事室，勝手口といった裏方が集約されており，各機能に応じて立面はにぎやかな表情を見せています。サーバント・スペースはそれぞれの部屋の性格が明確で，機能性を追求すればするほど，その窓のあり方，形式，大きさ，位置は多様になってしまいます。整理整頓を徹底するカーンでもさすがにここだけは整理しきれなかったのか，これを自然なものとして表現したのか興味深いところです。

　実際に見に行くと，建物の小ささに驚きます。本や写真集で見て想像していたスケールの7割くらい，実際には2階建てなのに1.5階建てぐらいに見えます。カーンが緻密に，考えに考え抜いて設計したからでしょうか。慎ましやかに建ちながらもぎゅっとした固まり感や，密度の濃さがありました。

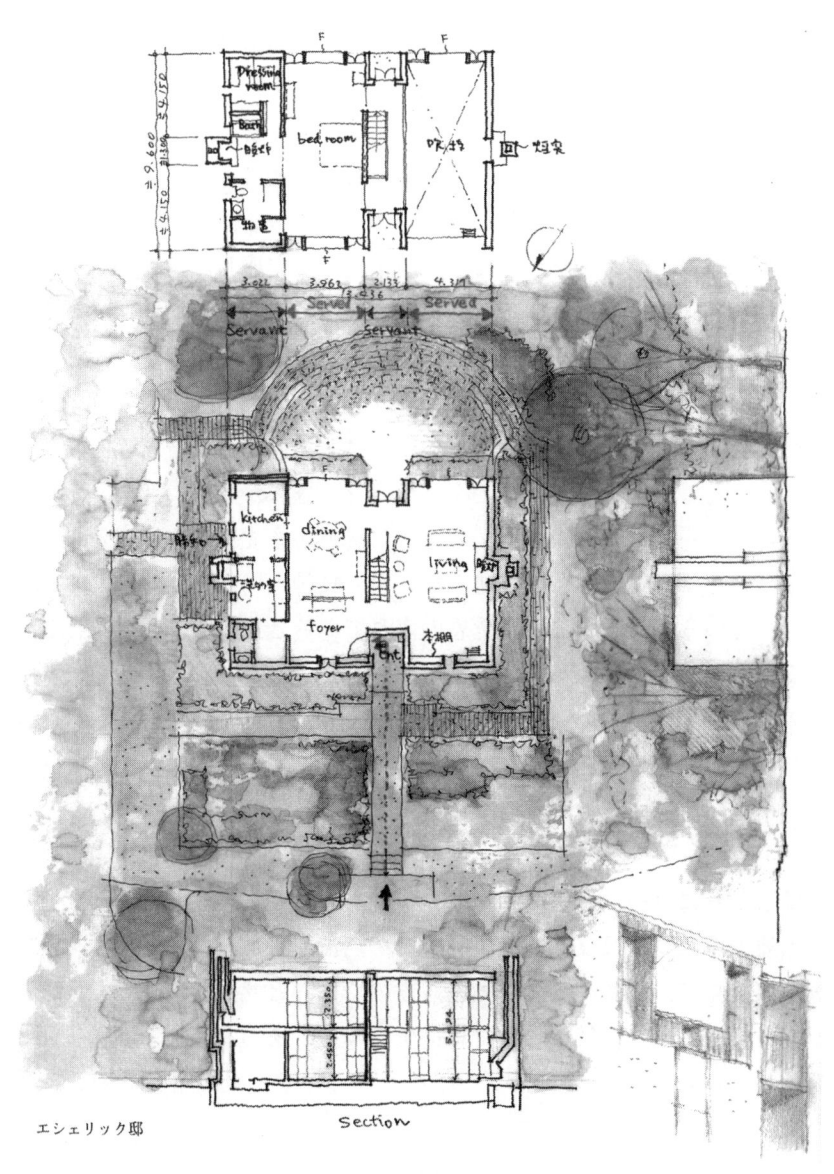

エシェリック邸

図表11-5　エシェリック邸　平面・断面スケッチ

　またカーンを紹介する本や写真集は往々にして崇高さ，神々しさを強調して表現するあまり，建築が物理的にも"大きい"という錯覚を与えてしまうのかもしれません。しかしカーンはあくまでも等身大の人間の心理や営みを見つめ，どんな人でも納得して快適に暮らせるスペースをいかにつくるか，ということに最大のエネルギーを注いでいたと思います。その研鑽が深かったからこそ，結果として完成した建物に私たちは崇高さを感じるのではないかと思います。

　玄関も非常に慎ましやかで，どこから入るのかがわからないくらいでした。当時のアメリカの住宅はエントランスが豪華で，その家の栄華の象徴を玄関に表すようなところがあったはずですが，カーンの建物にはそういうところが全くありません。つまり，虚栄がない。サーブド・スペース，サーバント・スペースの思想に関連しますが建物に表と裏を絶対につくらず，建物のどこを切っても同じ精神，同じ密度でつくられるべき，というカーンの強固な意志の表れであると思います。結果，建物を支えるダクトやボルトの一本一本までもが意志があり血が通っているかのような印象を受けるのです。その精神でつくられる建築は，"手抜き"はもちろんのこと"嘘"がないのです。

4．ソーク研究所

　同じころにカーンは「ソーク研究所」も設計していました。この建物は前述のふたつとは反対側，アメリカの西海岸にあります。これも本や写真集で見て，形式や概念が強過ぎるのでは，と感じていましたが，駐車場で車を降り，何気ないアプローチを歩き，あの有名な中庭に立った瞬間に"なんてヒューマンなんだろう"という感慨が全身を包みました。

図表11-6　ソーク研究所　中庭

　確かに荘厳な雰囲気もあるのですが，スケールが心地良く私にはとても親密な場所であると感じたのです。ちょうど夕暮れのころだったからかもしれませんが，クールなコンクリートの打ち放し仕上げや床のトラバーチンが夕陽を受けてとても色っぽく，温かく感じました。またこの場所の親密さは音の効果が大きいと思いました。中庭には水路を流れる水の音が響き，水路の先で下のプールに水が落ちる音や海の潮騒，さらに，建物の内部から話し声や足音，周辺では鳥の鳴き声もこの中庭に集まって聞こえます。カーンが友人の建築家ルイス・バラガンに，この中庭をどうデザインすべきだろうかと相談したら，ここには１本も木を植える必要はないとアドバイスされたという有名なエピソードがありますが，中庭は樹木が１本もないがゆえに，"音"というものの存在が強調されているように感じました。また太平洋を行き交う船の姿を見ていると，樹木のような自然の生命力がないゆえに大自然の中での人の小さな営みの尊さのようなものが哲学的に感じられるのです。写真では殺風景

に感じていたこの中庭も実際に訪ずれて五感で感じると，全く違う表情を見せ，自然に納得させられてしまうのです。これは残念ながら写真では全く伝えられません。

　駐車場から中庭に向かうアプローチに思わせぶりな演出がないことも興味深かったです。そう考えるとカーンの建物はどれも外構的な仕掛けがない。建物とその周囲の関係はとても淡白で，地域やその土地につながっているという感覚よりも，建築が“ポン”と置かれているような感覚です。「フィリップ・エクセター・アカデミー」はその典型で，エントランスがわかりにくくアプローチにもまるで演出がないのです。またソーク研究所の中庭のみならず，どの建物もいわゆる植栽がほとんどなく，あったとしても建物と樹木との関係に無頓着で興味がないように見えます。おそらくカーンは“この敷地だからこそ可能な建築”を表現したいのではなく，もっと地域や土地を引き延ばして，どんな所でも存在し得る建築を考えていたのではないでしょうか。個別的な解決だけに陥らないように普遍的に自立した建築のあり方を探っていたのだと思います。設計者であれば出来上がった家の周囲に樹木を植えて彩りを与えたりして，建築の不完全さを樹木で補うことをしますが，カーンは樹木などに頼らなくとも建築そのものだけで魅力が自立することを追い求めていたのでしょう。このあたりにもカーンの思考の独自性を見ることができますし，バラガンのアドバイスはカーンの思考をよく理解した上での実に的確なものであった，と感じざるを得ません。同時代を生きたアルヴァ・アールトのように大地や風土と連続し，植物との絡みにより建築の魅力を引き出してゆくような“デザインの巧さ”とは対極にあるような，演出抜きの朴訥で不器用な雰囲気をもっているのもカーンの魅力のように思います。

　構造と設備の考え方も実に見事です。建物は地下2階・地上4階建て

で，1階と3階を実験室のフロアとしています。これらのフロアは橋梁に使うフィーレンディール・トラスを用いた構造とし，無柱の大きなオープン・スペースを確保。間仕切り壁を動かして実験室の広さを変えられるようにしています。また，フィーレンディール・トラスははしごを横倒しにしたような構造なので，大きな穴ぼこに給排水の配管など設備系統を通しているほか，トラスの高さを利用して人が入れるようにしているため，メンテナンスやダクトの変更などが容易にできます。

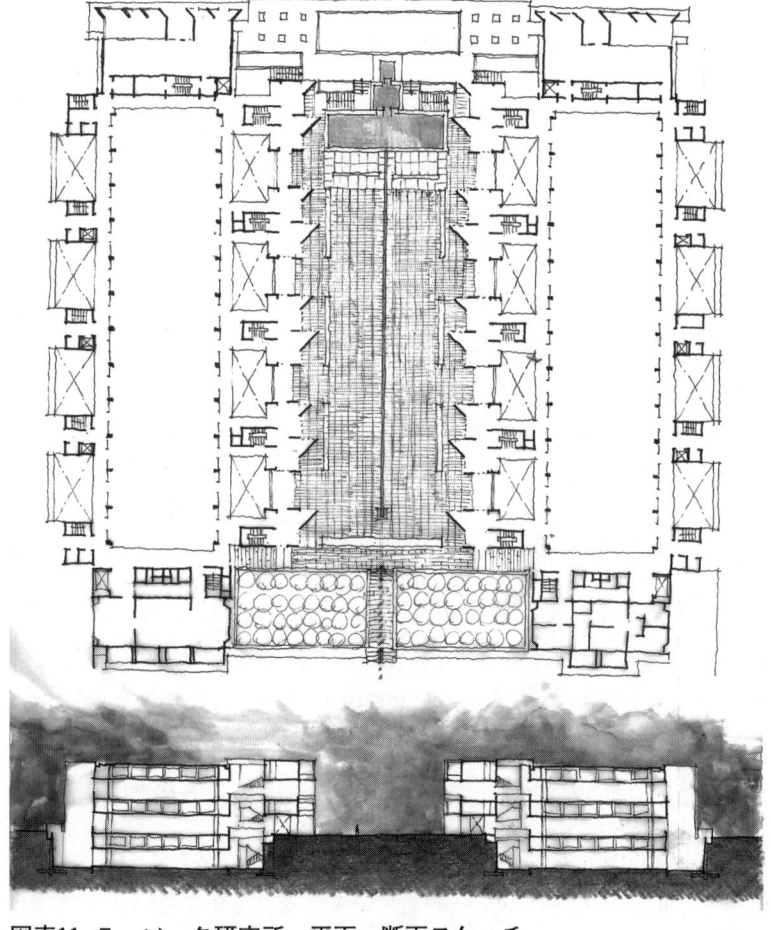

図表11-7　ソーク研究所　平面・断面スケッチ

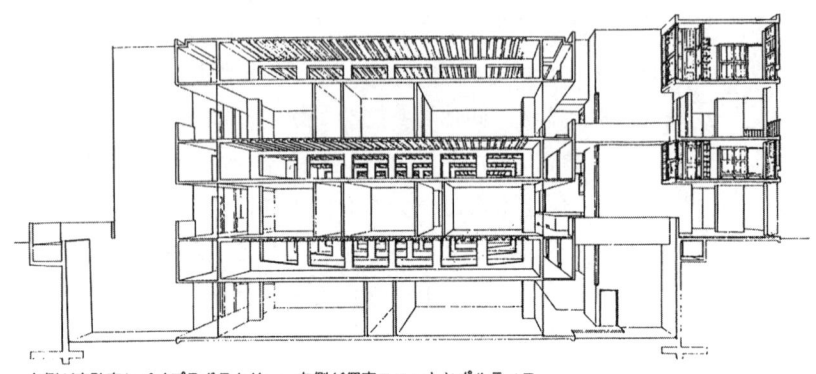

左側が実験室とパイプラボラトリー，右側が個室ユニットとポルティコ
図表11-8　ソーク研究所　断面パース

　このウォークインの大きな床ふところと実験室が上下に交互に重なって階を構成しているのですが，この建物では平面ではなく断面においてサーバント・スペースとサーブド・スペースが明快に構成されているのです。また研究員の個室は実験室とは構造をがらりと変えて，壁構造のこじんまりとしたスケールが与えられ，時に海を眺めながら孤独に落ち着いて時間が過ごせるように工夫されています。これによりリチャーズで問題となったダクトの増設の変化に対応できない点や，研究員の個室が落ち着かないという問題点も解決して，一気にカーンの方法論の完成度が高まってゆくのです。

5．フィッシャー邸

　なんて親密で住みやすそうな住宅なんだろう，と「フィッシャー邸」を訪れたときも思いました。訪れたときは幸運にも当時の建て主のフィッシャーさんがご存命で，とても魅力的な等身大の暮らしがそこにありました。住宅は，住み手が建物の魅力を引き出して何倍にも増やしてくれることを実感します。カーンの建築を住まい手が実に見事に翻訳

しているような感覚もありました。石造の地下の外部空間では庭道具や薪が置いてあったり，植物を育てていたりして，とても生き生きとした日常的な場所が展開していました。建物のスケールもとても小さく個室の天井高も日本の住宅となんら変わらないものでした。

　この住宅を設計していたとき，カーンはすでに60歳を過ぎており，今までの原理原則を追求する姿勢を継続しつつも，少し柔軟な思考や姿勢を見せはじめているように思います。

　例えば開口部と壁をはっきり分けるというカーンの体質，手癖のようなものは，この住宅でも随所に見られますが，下の写真で見られる右側の窓だけはその原則から外れています。

　当初の設計ではここもやはり壁だったところを，建て主のフィッシャーさんが住みはじめてから「ここは窓にしてほしい」と頼み，カーンもそれを受け入れた結果だそうです。その結果がこの住宅にさらなる温かみと人間味を与えています。もちろん住まいとしての快適性も格段

図表11-9　フィッシャー邸

と向上していると思います。またサーブド・スペース，サーバント・スペースの分離もここでは構成的に強調せず，全体が並列に静かに構成されています。

6. キンベル美術館

そんなカーンの金字塔と言える建物が「キンベル美術館」です。

カーンもいろいろな失敗や反省を繰り返しながら，しかし建築への意志と粘り強さ，そして愚直とも言える正直さをもってようやくたどり着いたのがこの建物だと思います。カーンの長らくの研鑽がここで存分に発揮されたと言っていいでしょう。しかも，それが声高ではなく，驚くほど静かに，気高く，そして寛容に表現されていることに驚きます。

キンベル美術館はアメリカ南部，テキサス州フォートワース市の郊外に建っています。フォートワースの人は誰もがこの建物を知っていると思っていましたが，ホテルの人もタクシーの運転手も知らなかったのは

図表11-10　キンベル美術館

意外でした。確かに建っている場所は郊外のなんの変哲もない場所ですし，佇まいはまるで倉庫や工場のような，あるいはビニル・ハウスが並んでいるかのような実に簡素なもので，建築を知らない人であれば素通りしてしまうような雰囲気かもしれません。この単純で無愛想な外観からは想像もできない計算し尽くされた理知的で濃密な内部空間があるのが，この建築のユニークさです。

　建物は上階と下階で構成されており，下階は事務室，収蔵庫，機械室といった美術館を支えるサーバント・スペースになっており，上階はトップライトからの光に満ちた展示室や喫茶室のあるサーブド・スペースになっています。敷地の傾斜を利用して公園側の下階のサーバント・スペースは地下に埋もれ，明るいサーブド・スペースだけが顔を出した，開放的な平屋のヴィラのような佇まいです。入り口は公園側と道路側の2か所がありますが，初めて訪れたときに，どちらの入り口から入るかで印象は大きく変わると思います。下階（サーバント・スペース）からの入り口から入れば，上階と下階のその劇的な変化に驚くでしょう。上階（サーブド・スペース）の公園側からでは，どこまでが美術館でどこまでが公園の施設なのかがわからないような，フラットな連続性と爽やかさがあります。どちらからの入り口もそれぞれのよさがあり，毎回訪れるたびに入り口を変えれば新鮮な気持ちで室内に入ることができます。

　これにより毎回公園の延長のような，町の連続のような気軽でリラックスした気持ちで美術に向き合うことができます。つまり物理的，心理的に障壁のない美術館になっているのです。人と建築と美術が等価に出合いながら混じり合うその環境はカーンの理想そのものであると思います。また2か所の入り口のどちらがメインということでなく，等価にできていることは建物とその周囲との関係に裏表やヒエラルキーをつくら

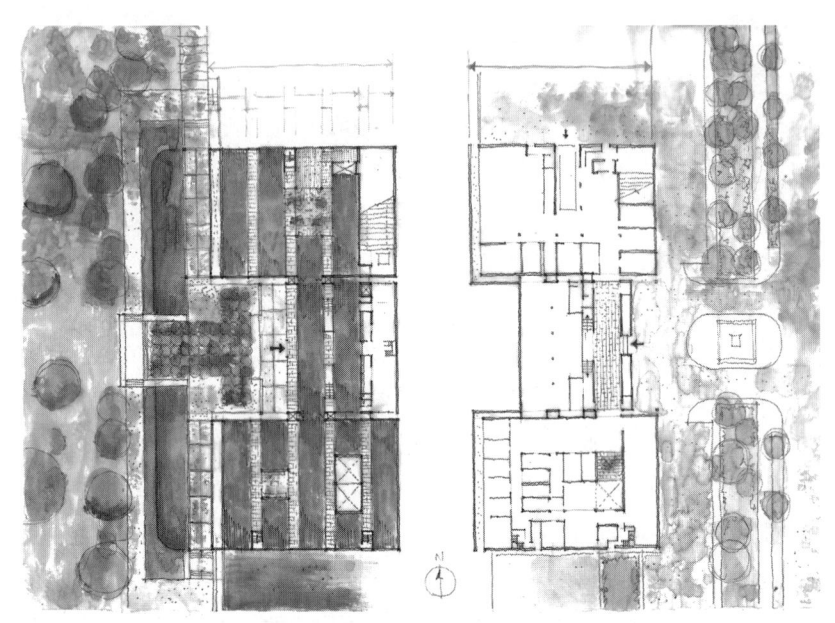

図表11-11　キンベル美術館　平面スケッチ

　ないカーンの今までの継続してきた手法があっての結果であると思います。現にこの建物の周囲を誰もがぐるっと見て回ることができるのですが，いわゆる建物の裏面らしきものは見当たりません。乱雑な印象を与える裏方の窓や機械の存在がないのです。なぜならサーバント・スペースは半分地下に埋まっており，窓は巧妙に配置されたドライエリアにあるからです。このことにより建物の外周の環境すべてに明るさと風通しのよさ，そして静けさを与えているのです。

　この建物は外観からもわかる通り，ひとつのカマボコ型（サイクロイド曲線）のヴォールト屋根（約7.3m×約30m）を基本単位として，それらが行儀良く淡々と並んでできています。内部はこの構成の固さやものの秩序を感じることなく，やわらかく展開してゆくところにカーンの

図表11-12　キンベル美術館　俯瞰

　成熟を見ることができます。

　特筆すべきはヴォールト屋根同士の谷間のエリアです。南北に数本リニアに延びるこのエリアは階段室，物置，空調電気スペース，あるいは下階に光を届けるドライエリアといった多種のサーバント・スペースに利用されているのです。

　上階の床はそのことを明示するかのように木質のフローリングではなくトラバーチンになっています。今までより立体的で，柔軟な考え方のサーブド・スペース，サーバント・スペースが建物内に展開されていると言えばいいでしょうか。また逆方向の屋根のスリットも採光に効果的に利用すると同時に，建物の構造的なエキスパンションのラインにもなっています。

　多くの人が，展示室のヴォールト天井の頂部からの光の美しさを語ります。空調，照明ダクトをヴォールトとヴォールトの谷間に取ることによって，ヴォールト天井面そのものは設備から解放され，ハリボテでは

図表11-13　キンベル美術館　断面スケッチ

ないコンクリート打ち放しの躯体そのものを見せることが可能になり，そこにテキサスの明るい日差しがアルミのリフレクターにより間接的に天井を照らしています。天井面はシルバーに輝き，こんなにもコンクリートは美しいのか，と誰もが溜息をもらします。しかしその美しさはやはりサーバント・スペースがバックアップしているのです。

　他にもさまざまな裏方の工夫があります。運搬口はプラットホーム状で，ゴミ収集車が入って来るとその荷台と左手のスロープがフラットになる高さなので荷台に乗り込みやすくなっています。短手の屋根と屋根のスリットには学芸員の研究室のためのプライベートな窓があり，外からはまるで存在がわからないのですが，内部からは公園の緑を眺めて研究の合間に目を休めることができます。

　会議室なども外からの視線が全く気にならないようにドライエリアを介して窓が大きく開いており，裏方の営みに快適に対応していました。また機械室の配置と縦軸のパイプシャフトの位置が絶妙で，カーンが長年取り組んできた設備計画と躯体の一体化の集大成と言ってもいいもの

になっていると思います。

　さて，カーンは洋の東西を問わず，多くの建築家の尊敬と共感を集める建築家であることは間違いのないことですが，それはどうしてなのでしょうか。

　カーンが設計した建築を訪ね，身を置き，じっくりと向き合ってみて，それはカーンが常人には発想できないような特殊な事は一切表現していないからではないか，と思いました。カーンの発想は実は誰もが考えられる，そして誰もが実践できる，誰もが納得できるもので，そんな建築へのアプローチを粘り強く深化させていったのだと感じます。

　建築の考え方，表現は多岐にわたりたくさんの枝葉をまとっていますが，カーンはいつも建築の表現が枝分かれする前の状態を見つめていました。そこを見つめることにより誰もが共通して感じられる，あるいはすでにどこかで経験している感覚を人に呼び起こそうとしたのです。

　見たこともない，感じたこともないものをつくるのではなく，人がすでに見ていて，感じていたことをつくるのです。それは建築の安心感，信頼感につながる大切なことであることは経験を積んだ建築家であれば誰もがわかっているのですが，目新しさがなく地味なことを淡々と粘り強く繰り返してゆくことになり，多くの建築家が途中で挫折して諦めてしまう道なのだと思います。

　カーンはその大切ながらも険しい道を驕らず，慢心せず一歩一歩進んだのです。それが多くの建築家の共感と尊敬を集めるゆえんであり，また見習うべき姿勢であると思います。

≪補記≫

【ルイス・カーン（Louis Isadore Kahn）】

　アメリカの建築家。1901年ロシア帝国エストニア地方生まれ。1906年アメリカに渡り，1914年に帰化。1924年ペンシルベニア大学美術学部建築学科を卒業後，ジョン・モリトールやポール・クレなどの設計事務所に勤め，1935年自身の事務所を開設。1974年死去。

【ペンシルベニア大学リチャーズ医学研究棟】

　カーンは1947年からイエール大学で教鞭を執り，1957年に母校のペンシルベニア大学に移った。その関係で設計の機会を得た建物。1957～65年に設計。

【エシェリック邸】

　アメリカのペンシルベニア州フィラデルフィア郊外に建つ個人住宅。建主はマーガレット・エシェリック。1959～61年に設計。

【ソーク研究所】

　ポリオ・ワクチンを開発したジョナス・ソーク博士によって設立された生物医学系の研究所。カリフォルニア州サンディエゴ近郊のラホヤに建つ。1959～65年に設計。

【フィッシャー邸】

　ペンシルベニア州フィラデルフィア郊外に建つ個人住宅。建主はノーマン・フィッシャー。1960～67年に設計。

【キンベル美術館】

　テキサス州フォートワースに建つ美術館。1966～72年に設計。

参考文献

松隈　洋『ルイス・カーン　構築への意志』丸善出版　1997年
堀部安嗣『建築と気持ちで考える』TOTO 出版　2017年
中村好文『住宅巡礼』新潮社　2000年

12 | グンナール・アスプルンドと死生観
近代が遠ざけたもの

堀部安嗣

《**目標＆ポイント**》 過去や死者を軽視しがちな近代，現代建築に対して，アスプルンドの建築は独特の存在感を放っています。死者や自然や過去に対する畏敬の念をアスプルンドの建築から感じざるを得ません。近代が見失ったものがアスプルンドの示す近代建築には同居しているのです。そのことを学びたいと思います。

《**キーワード**》 アスプルンド　森の墓地　ロマンティシズム　死者との対話　自然　畏敬

1. 死者との対話

　近代はそれまでの人々の生活や価値観から劇的な変化をもたらしたことは今まで述べてきた通りです。ここではさまざまな変化があった中で，特に“死生観”の変化に焦点を当て，少し遠回りしながらスウェーデンの代表的近代建築家，エーリック・グンナール・アスプルンドについて考えてみたいと思います。

　近代には，今を生きる人が死や死者を遠ざけてゆく思考が色濃く存在します。あるいは近代とは死の意味について考え

図表12-1　グンナール・アスプルンド

ることを怠った時代とも言えるかもしれません。

　葬式や墓参りは簡易に形式的に行われ，家から仏壇が消え，死者の声に耳を傾けることが少なくなった今日の状況をみればよくわかります。また最近は本を読む人が減り，図書館にも本屋にも足を運ぶことが減少傾向にあります。遠い過去から現在までに蓄積された膨大な書物を書いた著者のほとんどが亡くなっていることを考えると，本や図書館も“死者の声が聞こえる場所”と捉えることができ，それを読まない，そこを訪れないということは生活から死者の声を遠ざけていることを顕著に表しています。一方，今は“今の情報”の洪水の中に身を浸しています。今，世界中で起こっている出来事やニュースを瞬時に膨大に得ることができます。つまり今の情報を収集することに精一杯で，死者の声などには耳を傾けてなどいられないのかもしれません。そしてすぐに役に立つこと，今有効な情報のみが興味の対象になります。

　しかしそんな死者を遠ざけた時代というのは近代以降のわずか150年程度であり，それ以前の長い時代は死者とともにある生活が当たり前でした。

　家には仏壇があり，死者を祀（まつ）っている場所が身近にあり，死者の声や教えが道徳の中心にありました。ではなぜ近代は死者を遠ざけるようになったのでしょうか。その理由の大きな一つとして近代的資本主義システムがあるからなのではないかと思います。

　近代的な資本主義は，未来に投資することから成り立っています。将来性のある企業，未来の技術革新によってより便利になってゆく可能性に対していわばお金を賭けてゆきます。つまり未来は今日よりもっとよくなるという論理によって，そして経済が成長し続けることを前提としているシステムです。今日より明日が良くならないなら，経済が成長しないなら人は未来に投資をしなくなります。確かに戦後の日本はその前

提を疑わずに，未来はどんどんよくなるという共同幻想を皆が抱けたことによって資本主義のシステムが見事に機能しました。

　次から次へと新しい技術や商品が生まれ，それによって生活は便利に楽になり，商品は売れ，さらにもっと明るい未来に期待して投資し，儲かり続ける時代がありました。

　しかし本当に未来は過去より現在より良くなるのだろうか，という疑問が大衆に生まれはじめたのが，1990年はじめにバブル経済が崩壊した後です。未来への投資よりも今の生活をなんとか充実したものにしたい，未来は不安なので蓄えをしっかりしようという心理になります。本当にこれからはいい時代になるのだろうか？　賃金は上がるのだろうか？　この先幸せになれるのだろうか？

　追い打ちをかけるように気候変動や大きな災害やパンデミックが起こります。

　必ずしも未来が過去よりも良くなるとは限らないということや経済は成長し続けるわけではないという当たり前のことにようやく気づくことができたことは大きな前進と捉えたいと思います。

2．時間の流れ方の感覚

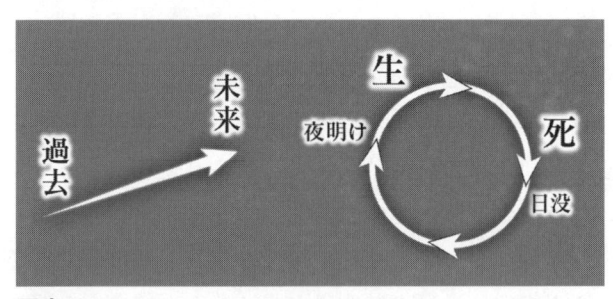

図表12-2

　時間の流れ方には大きく2つの認識があります。1つは前述した資本主義のシステムの土台となっている一直線上に時間や時代が流れて，右肩上がりに時代はどんどんよくなってゆくという時間の認識です。近代以降の技術革新に支えられた人間の"驕り"が多分に含まれた認識と言えるでしょう。

　例えば10年前のパソコンやスマートフォン，あるいは通信環境にはもう戻ることができません。こういった製品を使い，更新し続け，またこういった環境の中に身を浸していると，このような時間の流れを強く認識してゆく生活になります。

　一方，今までの歴史的な事実を鑑みるとどんな時代でも不完全であり，ゆえに未来も不完全なままであり続け，決して昔よりも未来が良くなるわけではないという考えを土台にする時間認識があります。日が昇りやがて日が沈むように，そして生命あるものが死に，そしてまた生まれて来るようなぐるぐると循環し続けているような時間の認識です。決して過去が良かったわけでも悪かったわけでもなく，ましては未来も良くなる，悪くなるという概念では捉えません。

　例えば200年以上前のモーツアルトの曲は今の音楽より劣っているでしょうか？

　100年以上前の夏目漱石の小説より今の小説の方が進化していると言えるでしょうか？　実は建築も同じです。音楽や小説に比べると建築は近代的な技術に支えられている割合がかなりあるので，その部分に関しては年々進化しているという言い方もできるかもしれませんが，自然や人間との関係や環境の活かし方といった視点でみてみると今の建築が昔よりも進化しているとは決して捉えることはできないのです。つまり過去と現在，未来に優劣などなく，建築の文化や歴史はぐるぐる循環し続けていると考える方が自然です。

　大切なことは，そのような循環型の時間認識になると，生者にとって死者は隣り合わせの身近な存在になるということです。

　生きている自分もいつかは死ぬ。死者は未来の自分なのです。ゆえに先輩である死者の声を聞き，あるいは次の世代に対して恥ずかしくない生き方をしておこうとする思考や生活になってゆきます。

　反対に未来はどんどん良くなる，という認識では死者の声などに耳を傾ける時間は少なくなってゆくのです。

3．アスプルンドの個性

　1885年にスウェーデンで生まれ，1940年にわずか55歳で亡くなったアスプルンドは短い生涯の中で住宅や博覧会の施設や裁判所といった様々な建築を手掛けました。アスプルンドは北欧諸国のみならず世界に大きな影響を与えた建築家ですが，同世代のミースやコルビュジエといった建築家への評価とは種類が異なり，近代建築家の中でもわかりにくい存在として位置付けられます。

　それはアスプルンドの表現が近代的でありながらも，どこかその枠には収まりきらない多様さを持っているからでしょう。また単純に北欧という辺境の地ゆえに情報が不足していたことも起因しています。そして明るい未来を示しているというより遠い過去への郷愁や死者との対話，そして人間に向けられた愛情や切なさといった様々なベクトルが交錯する表現は近代とは逆行するような側面を多分に持ち合わせています。

　ミースやコルビュジエのように戦略的にモダニズム建築を提唱していたわけでもないため，象徴的なキャッチフレーズや有名な言葉も少ないのが特徴です。

　その背景には当時のスウェーデンにおける建築様式の潮流が様々に変化していったことも影響しています。アスプルンドがストックホルムの

王立工科大学に入学して本格的に建築を学び始めた20世紀初頭は，ナショナルロマンティシズムの波がありました。産業革命以降，急速な近代化の中で民族や国民国家の意識が高まったことから，地域性やアイデンティティを過去の記憶の中から呼び起こそうとする動きがナショナルロマンティシズムです。北欧の国々に共通する国土を覆う深い森への畏敬と神秘と精神性や歴史的な特殊性が重なり，ナショナルロマンティシズムは北欧やバルト三国で主流になりま

図表12- 3　ラグナル・エストベリ設計のナショナルロマンティシズムの代表作・ストックホルム市庁舎
Photo by Arild Vågen, CC BY-SA 3.0

す。それは決して民族主義的で排他的な動きではなく，近代の工業化による画一的な表現に加速させずに，その地域の風土や歴史を大切にしてゆく動きと捉えるべきでしょう。

　同時に他のヨーロッパ諸国同様に，それまでの様式建築を批判して，来るべき新しい社会にふさわしい近代的建築を求める動きも当然存在し，過去と現在と未来が渾然一体となってアスプルンドに複雑に入力され，そして様々な表現を纏って出力されてゆきます。

　1920年代になると，北欧の建築界は北欧新古典主義と呼ばれる動きも活発化してきます。アスプルンドの建築にも後述するストックホルム市立図書館のような古典的なフォルムがたびたび見られます。

　そんな様々なデザインの潮流がアスプルンドの作風を形成してゆきますが，このような"主義""スタイル"によってアスプルンドの建築を

分析し過ぎることはあまり意味のあることではないのかもしれません。それより，実際にアスプルンドの建築を訪れると，様式やスタイルを頭で捉えるより，アスプルンドが自然や人間に向けられた眼差しや死生観を心身で感じることこそが大切であると思わざるを得ない雰囲気が空間を満たしているからです。

4．森の墓地

　アスプルンドの代表作は紛れもなく「森の墓地」です。

　1915年，アスプルンドがわずか30歳の時に同級生のシーグルド・レヴェレンツとともに応募したコンペで1等をとった時から実に25年にわたり設計が続けられました。

　神聖な森を活かすように，そして圧倒的な自然の優位性を認めたラン

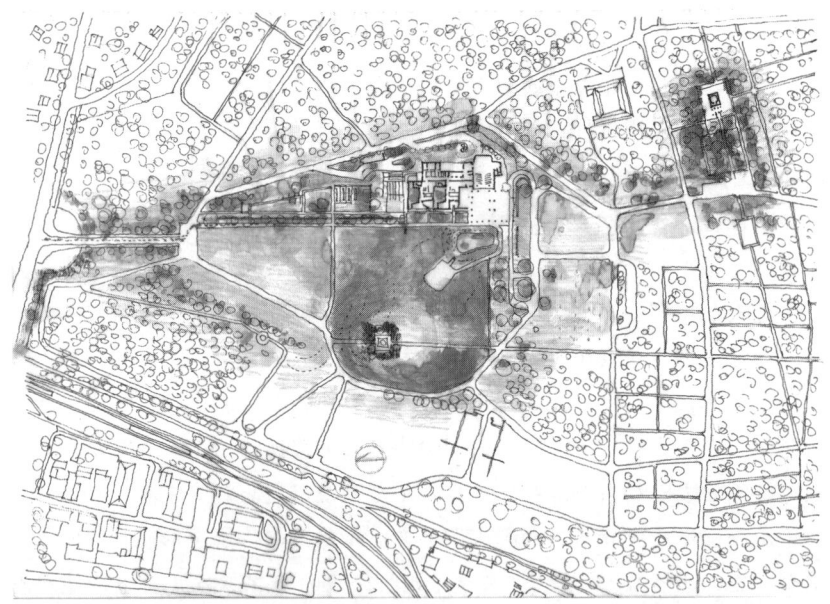

図表12-4　森の墓地　配置計画スケッチ

ドスケープデザインです。墓地の中には"森の礼拝堂"や"森の火葬場"といった施設が存在しますが，墓地のランドスケープの中にひっそりと佇んでいるのが特徴で，ことさら建築を主張させていないところが洋の東西を問わず，多くの人々の共感を呼んでいるところではないでしょうか。

　この計画はアスプルンドの正真正銘のライフワークと言うべきものであり，ゆっくりと時間をかけて進められ，森の墓地が完成する1940年にアスプルンドは亡くなりました。途中，共同設計者のレヴェレンツが降板したり，アスプルンドの長男を病気で亡くしたり，そのことがきっかけで妻と別れたり，といった様々な人生の出来事がこの墓地の設計と共にあり，晩年は自身の死期を覚悟しながら，命を削りながらこの作品を完成させました。

　1932年に書かれたエントランス付近の記念柱のスタディーのスケッチには"今日は私，明日はあなた"という言葉が書かれています。死に近い私も，そしていずれはあなたにも死というものは免れることなくやってくるという意味です。

図表12-5　HODIE MIHI, CRAS TIBI
Photo by Xauxa Hakan Svensson, CC BY-SA 3.0

このようにアスプルンドには他の近代建築家には見られない死の影があります。死の影とは決して暗く悲しい意味だけではなく，近代建築では表現されにくい循環型の時間の概念を表し，そして決して近代建築という枠に全く収まらない，時間や時代を超越したアスプルンドの建築の魅力にはなくてはならない影なのです。

死者や過去から多くのことを学び続け，そして生きている自分も死と隣り合わせであるという認識を持つことで，このような類稀に見る個性と完成度を誇り，そして情感溢れる建築を生み出しました。誰もが死と隣り合わせの人生なので，よりよく生きよ。と，死期を悟ったアスプルンドが今でもメッセージを送っているようにも思います。

アスプルンドの時代を超えた思考や魅力は，森の墓地が20世紀以降の建築としてはじめてユネスコの世界遺産に登録されたことによっても証明されています。

5．森の墓地の近代的要素

この墓地は大自然の中に牧歌的に存在している雰囲気を写真からは感じてしまいますが，実はストックホルムの中心部からさほど離れておらず，地下鉄に乗って簡単に行くことができます。そして自由に出入りできます。しかし，一歩足を踏み入れると誰もが襟を正すような，特別なものに向き合う空気があります。

一方で人間の思いや行動をしっかりと見守ってくれるおおらかさも同居しています。だから，ここにいる人はみなマナーを守っていながらも，リラックスしているように見えます。何より町の中心部からさほど離れていない日常の延長の場所に，このような死者の声が聞こえる場所があり，そこで森の畏敬を感じながら故人を見送ることのできる環境があることを大変羨ましく思います。

図表12- 6　森の墓地　アプローチ

　ここには自然の偉大さと人間の尊厳が共存しているのです。

　同時に，この施設は詩的に情感溢れるデザインがされているだけでは
なく，むしろ実に近代的な側面からもしっかり考えられている点にも注
目しなければなりません。
　「森の火葬場」は大礼拝堂と２つの小礼拝堂と管理スペースが一体に
構成された建物で，小高い丘の上に建っています。この建物に向かう石
畳の道はゆるやかな上り坂になっていて，坂を上りきった先に自動車の
寄り付きや道路があり，さらに下った先に自動車の通る道があります。
丘の起伏によって，墓地の入り口から自動車の姿を見せないようにして
いるのです。火葬場が完成したのは1940年，すでにモータリゼーション
がはじまっていました。
　また，十字架に向かうアプローチの左手に礼拝堂があるのですが，そ
の礼拝堂の下層部に裏方である管理スペースが配置されており，そこに

図表12-7　森の墓地　車路

　至る自動車の動線も高低差を活かして巧妙に計画されているので，葬儀の列席者がその存在に気づくことはありません。つまり，敷地全体の起伏を活かした建物の断面設計により，自動車と共生しつつ，その気配を消すことに成功しているのです。そしてその計画が自動車に乗る人にとっても，徒歩で訪れる人にとっても，どちらが重要ということではなく，両者の視点でしっかり快適に計画されていることに気づくと，この建築の懐の大きさをさらに感じることができます。

　裏方の自動車の動線計画，さらにはその道路が描くラインも美しく，アスプルンドの建築のラインの美しさはこのように近代に必要な機能を充足させるところからも生まれているのではないかと感じました。手法や表現は異なりますが，ルイス・カーンのサーブド・スペースとサーバント・スペースの考え方に通じるものがあります。

　建物の平面，断面計画も秀逸で，各礼拝堂の地下に火葬炉があり，葬儀の際は遺族が最後のお別れをすると，棺がリフトで下ろされます。そ

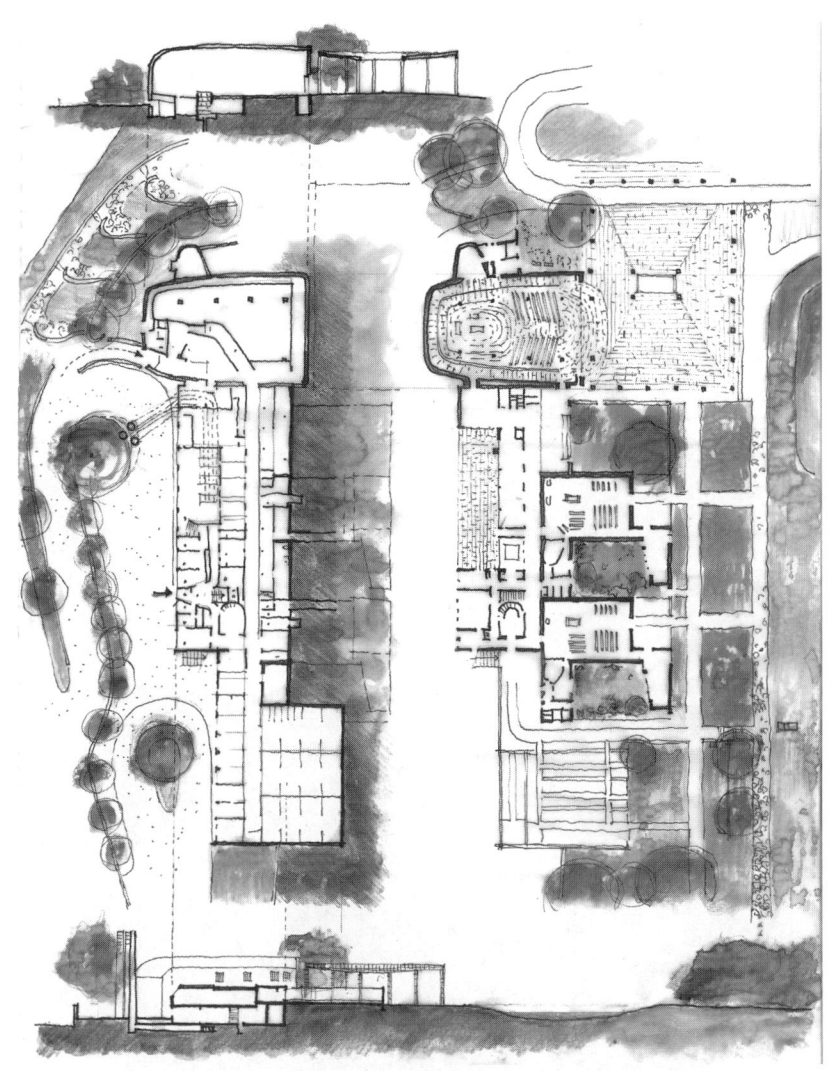

図表12- 8　森の火葬場　平面・断面スケッチ

のように合理的である一方，平面では遺族や葬儀の列席者の感情に配慮
し，葬儀が重なった日でも遺族同士の動線が交錯しない計画になってい
ます。また，待合室から礼拝堂に入り，葬儀が終わった後は別の出口か
ら外に出るように，つまり人の心理や動きに合わせたやわらかな動線計
画が織り込まれています。

　待合室の中は，中庭に向かって斜めに大きな開口部を設け，自ずと庭
に目が行くようにしています。また，椅子や天井を見るとわかるよう
に，エッジを極力排除しています。

　悲しみのなかにある人にとっては建物の角や硬いディテールが痛々し
く感じるときがあるでしょう。アスプルンドはそんな人の気持ちに寄り
添うデザインをそこここに施しています。

　各所に置かれた「へ」の字の形のベンチもアスプルンドのデザインで
す。

図表12-9　森の火葬場　待合室

　見知らぬ人同士がわずかな時間をともにする駅のベンチなら，一直線でいい。けれども，ここは共通の親しい人を失った人が集まる場所。ベンチにわずかな角度をつけることにより，3人掛けの両端に座った人が同じ時間や同じ思いを共有でき，そして同じ風景をともに眺めることを可能にしているように思います。実にさりげないデザインによって，人のさまざまな感情や営みを支えるアスプルンドの建築を象徴的に表しているのがこのベンチと言えるように思います。

図表12-10　森の墓地　ベンチ

　前述したように，管理スペースの大部分は葬儀が行われるメインレベルより1層分低い所にあり，メインレベルからその存在は感じられません。また，メインレベルと同レベルにある裏の管理スペースも，表とはがらりと意匠を変えています。つまり管理スペースからは葬儀の様子が必要以上に直接伝わらないようになっています。

　火葬場で働く人たちは毎日，人の死や悲しみと向き合っています。アスプルンドは管理スペースまできちんと神経を行き届かせ，明るく気持ちが前向きになれる労働環境をつくっています。それは日常的でアットホームな親しみのもてる空間でした。それに気づくことはできても，実際のデザインにしっかり落とし込み，最後までやり通せる設計者は稀でしょう。舞台裏の隅の隅まで決して手を抜かず，非常に完成度の高い仕

事をしています。

6. 近代建築と装飾

　火葬場の奥にある小さな「森の礼拝堂」はモダニズム建築の言語だけでは語れない建築です。

　例えば前面のポルティコの柱は木を真っ白く塗装しています。さらにすごいのは，屋内の木の柱にペンキで大理石の模様を描いていることです。屋根の形と屋内の天井の形も一致していません。また，抽象的である部分と，装飾を施した具象的である部分とが混在しています。このような不思議でユーモラスな雰囲気はいわゆるモダニズム建築には見られないものです。

　モダニズムは機能的，構造的な表現が即物的に表現されることを大切にします。すると機能的でも構造的でもない装飾は必要とされなくなります。

図表12-11　森の礼拝堂

　しかしそんな近代の表現の中に居続けると装飾のもつやわらかさが利用者と建物の距離を縮める役割を担うことにも人々は気付きはじめているのではないでしょうか。装飾が大切な気持ちの拠り所になるのです。特に年輩の人や悲しみの中にいる人に，抽象的でクールな空間はなかなか馴染めず，取り残された感じを抱かせるように思います。

　古今東西の寺院や教会が装飾過多とも言えるくらいなのは，そのように具体的な手掛かりがないと心の行き場も見失ってしまうからでしょう。真っ白い抽象的な壁に当たる光を見て美しいと思えるのは，気持ちが未来に向いている人や，想像力が豊かな人だけなのです。そういう観点で見てゆくと，アスプルンドのこの墓地はいろいろな立場の人の気持ちに寄り添っていることに気づきます。

　また北欧の人びとにとって森は神聖な場所で，アスプルンドが設計した墓地も森の中に墓が並びます。森の空気に包まれながら，森に差し込む光に守られながら，故人は静かに眠ります。日本では墓石の前の花器に花を生けますが，この墓地では花を地面に直に植えてしまいます。もちろん花器に入れるより花は断然長く生きますし，埋葬されている人と生きた花が土を共有して，同じ所に生と死が共存している様子をとても愛らしく思いました。

　この墓地の設計を最後に亡くなったアスプルンド自身の墓もこの墓地の一角にあります。静かなさりげない墓です。

7．ストックホルム市立図書館

　もうひとつの代表作である「ストックホルム市立図書館」は，円柱と直方体を組み合わせた古典的なフォルムです。町の中心部にこのような古典的佇（たたず）まいの近代的な図書館があることに戸惑うかもしれません。

　しかし，建物の中には人間の尊厳に満ちた世界が待っています。入っ

図表12-12　ストックホルム市立図書館

た瞬間，人間の叡智が結集しているすばらしさを誰もが全身で感じるはずです。

　そしてどこかこの図書館に"墓地"のイメージを重ね合わせてしまうのは私だけではないでしょう。ここにずらっと並んでいる本の著者のほとんどは亡くなっています。前述した通り，そう考えると図書館とは死者の声が聞こえる所とも言えるのです。アスプルンドの２つの代表作である森の墓地もこの図書館も実は同じ性格を持ち合わせていることが見えてきます。町の中心部に死者と対話できる公共施設があり，墓地も図書館も日常的にいつでも行けるという豊かな環境があるところに北欧の社会の成熟度を感じざるを得ません。経済や効率を最優先させる社会からは生まれてこない場所だと思います。

　そしてさらに大切なことは，この図書館も死者の声を聞く場所としての質と品格が大変高いレベルで備わっていることです。なによりすばらしいと思うのは書架の高さとその上部の空間です。３層構成の書架はいずれも上まで手が届く高さで実用的です。印象としてはたくさんの本棚に囲まれている感覚なのですが，実は３層の書架より上は余白で，その余白部分がかなりの面積を占めています。このようなバランスはできそうでできるものではありません。

　並の建築家なら書架をなるべく高くして本棚と本の収蔵量をアピール

図表12-13　ストックホルム市立図書館　開架閲覧室

するでしょう。書架の高さを抑え，余白の面積を圧倒的に増やしたことにアスプルンドの哲学があるのです。これによって意外にも空間に威圧感や権威的な雰囲気がなく，かつ本の美しさも強調されているように思いますし，人間にはまだまだこの先があり，この後も人間の叡智が集積されてゆくという未来への温かいメッセージのようなものも感じられるのです。円形ホールの周囲は，直方体との間に変な形のスペースが生まれ，そこは外部のサービスヤードになっています。

　1階の児童書のスペースもなかなか味わい深い場所です。カーテンの奥にはおとぎ話を読み聞かせる部屋があります。子どものための部屋なのに，暗くて，おどろおどろしい。おとぎ話を読み聞かせるときは照明を落とすのだと思います。子どもに媚びずに，むしろ子どもに“闇”や“死の気配”のようなものを感じさせる教育，環境に深く共感します。

　森の墓地と図書館に共通して感じるのは，不思議さと，いい意味での

わかりにくさです。アスプルンドのデザインはすべてに理由があるわけではなく，わかりやすさと同じくらいわかりにくさがあります。しかし，そのわかりにくい部分が建築に奥行きを与えています。

近代以降，人間は全てをコントールでき，科学の力で全て説明がつけられるような過信が生まれました。そして社会はますます機能性や効率のよさを求めるようになります。建築にはすべての部位に対して説明できる論理がないと世の中に認められない風潮もあります。であるからこそ，これからの時代にますます貴重になってくるのがアスプルンドのような建築ではないでしょうか。この存在があることによって人間はもう一度，人間とはなにか，建築とはなにかを考えることができるのです。

アスプルンドの特徴は，都市的に大きく俯瞰するような視点と，人間の身体の延長にあるような小さなスケールを生み出す視点の，2つを併せもつところにあるように思います。実は，この双方を兼ね備えている建築家は意外に少なく，どちらかに偏ってしまうことが大半です。アスプルンドは森を構想でき，かつ，葉っぱをデザインできる稀有な建築家と言えるのではないでしょうか。

一般的に大きな都市的スケールで建築を考えると，人の営みや心理を総括的に捉えなければならないので，論理的なダイアグラムのような秩序を設定してゆくことになります。しかし，その秩序は個人の身体的なスケールになっていったとき，必ずしも有効に快適に機能するわけではなく，そのことに気づいたときには原理原則から離れ，身体的，皮膚感覚的に求められることに柔軟に対応してゆくことが大切なのですが，そう簡単にできることではありません。個別対応によって全体の秩序の統制が取れなくなってしまうと感じたり，なによりそこまで集中力が持続しないからです。ここにも死を身近に感じ続けたアスプルンドの生への粘り強さと讃歌を見てとれるように思います。

　過去や死と隣り合わせで建築を考え続け，かつ近代としっかり向き合い，短絡的なデザインに決して陥ることなく複雑なことを複雑なまま抱え込んだ類稀に見るデザイン力をもつ建築家。時代や国境を超えてアスプルンドが正確な評価を得るのは，まだまだ先なのかもしれません。

≪補記≫

【エーリック・グンナール・アスプルンド（Erik Gunnar Asplund）】

　スウェーデンの建築家。1885年スウェーデン・ストックホルム生まれ。ストックホルム王立工科大学で建築を学ぶ。卒業後は王立芸術大学に進学するが，保守的な教育に反発して中退。1915年，友人のシーグルド・レヴェレンツと共同で設計案を応募した「ストックホルム南墓地国際コンペ」で1等を獲得し，建築家としてデビュー。後に「森の墓地」と呼ばれるこの作品に生涯を捧げた。1940年死去。自身が設計した墓地に眠る。

【森の墓地】

　スウェーデンの首都ストックホルムの郊外にある共同墓地。墓地内の「森の礼拝堂」の竣工は1920年，「森の火葬場」の竣工は1940年。コンペ以来，墓地の仕事はレヴェレンツと共同で取り組んだが，火葬場はアスプルンドが一人で設計した。1994年，20世紀以降の建築として初めてユネスコの世界遺産に登録された。

【復活の礼拝堂】

　フィンランドの建築家，エリック・ブリュッグマン（1891〜1955年）が設計。フィンランド南西部の古都トゥルクに建つ。1941年。

【ストックホルム市立図書館】

　1928年竣工。ストックホルム中央駅から3つ目の駅が最寄り駅で，大きな公園の敷地内に建つ。

参考文献

堀部安嗣『建築を気持ちで考える』TOTO 出版　2017年

吉村行雄・川島洋一『アスプルンドの建築　1885-1940』TOTO 出版　2005年

中村好文『住宅巡礼』新潮社　2000年

13 | アルヴァ・アールトのデザイン力
風土と近代性

堀部安嗣

《**目標＆ポイント**》 近代建築と風土性を高いレベルで融合したフィンランドの建築家アルヴァ・アールト。厳しい風土や気候を，建築の力で明るく前向きな表現に転換した実践には多くの学ぶべきものがあります。デザインとは何か，を考えるためにも大切なヒントを教えてくれる存在です。
《**キーワード**》 アールト　フィンランド　風土　インテリア　暮らし　自然　畏敬　森

---

1. アールトについて

　フーゴ・アルヴァ・ヘンリク・アールトは，1898年にフィンランド中西部の村クオルタネで4人兄弟の長男として生まれました。

　ヘルシンキ工科大学で建築を学び，卒業後はスウェーデンのアルヴィート・ビヤルケの事務所で働きます。1922年に学生時代に延期していた徴兵制による兵役につき軍隊生活を終えた後，少年時代を過ごしたユヴァスキュラに自身の建築設計事務所を開設しました。1924年には建

図表13-1　アルヴァ・アールト

築家のアイノ・マルシオと結婚し，協働パートナーとなります。子ども
も生まれ，1927年に湾岸都市トゥルクに，1933年にはヘルシンキに事務
所を移転します。1949年に妻のアイノが長い闘病の末に亡くなりまし
た。1952年，建築家エリッサ・マキニエミと再婚します。そして1976
年，ヘルシンキにて永眠しました。アールトの死後，妻エリッサは1994
年に亡くなるまで，事務所を引き継ぎました。

　ちなみにアールトとはフィンランド語で“波”を意味します。日本で
も山や川や池といった自然を表す言葉を苗字に取り入れますが，それと
同じです。“アールトさん”は“波さん”ということになります。

2. フィンランドについて

　アールトが生まれ，活躍したフィンランドという国について少し説明
をしたいと思います。

　フィンランドの国土は北極圏にまたがる緯度の高いところに位置しま
す。世界地図では日本から遥か遠いところにあるように見えますが，実
は日本から最も近いヨーロッパであり，地球儀で見るとそのことがよく
わかります。国土の広さは33.8万㎡で，これは日本の国土の広さとほぼ
同じです。しかし人口はわずか約550万人。これは北海道の人口とほぼ
同じです。つまり日本全体の国土の広さの中に北海道の人口しかいない
ことになります。人口の推移も日本の劇的な推移とは違って，緩やかに
ゆっくりわずかに増加しています。国土の3分の2以上は森林に覆われ
ており，この点では日本と似ています。気候は寒く，首都ヘルシンキの
年間平均気温は約5℃，真冬は－10℃近くまで気温が下がります。真夏
の最高気温は20℃までしか上がりません。夏を除いて日照率がきわめて
低く，冬はほとんど太陽が覗かない曇りの日が続きます。また降水量が
少なくヘルシンキの年間降水量は東京の半分以下となっています。

順位	国名	スコア
1位	フィンランド	7.741
2位	デンマーク	7.583
3位	アイスランド	7.525
4位	スウェーデン	7.344
5位	イスラエル	7.341
6位	ニュージーランド	7.319
7位	ノルウェー	7.302
8位	ルクセンブルク	7.122
9位	スイス	7.060
10位	オーストラリア	7.057
⋮	⋮	⋮
51位	日本	6.060
⋮	⋮	⋮
141位	レソト	3.186
142位	レバノン	2.707
143位	アフガニスタン	1.721

出典：World Happiness Report 2024, Figure 2.1 Ranking by Life Evaluations in 2021－2023 を基に作成

図表13-2

　寒く日照率が低い，という点を見ると気候的に厳しい場所なのですが，国連が発表する世界幸福度報告では常に1位，2位の座にいることが興味深いところです。第1章で紹介したデンマークのヒュッゲと同じような人々の生活上で大切にしている心がけをフィンランドでも同じように感じることができます。

　デンマークもフィンランドも，このような心がけで日々の生活を楽しんでいるからこそ，幸せになっているのではないでしょうか。このヒュッゲの言葉から連想する生活は，どこかいわゆる"近代"の生活とは反対の印象を受けます。しかし北欧諸国は近代の技術や手法を生活の

豊かさにしっかりと便利に取り入れています。この近代の恩恵にあずかりながらも，自然と調和した暮らしを無理なく誰もが営んでいることに，学ぶべきところが多々あるのではないでしょうか。もともと日本人も自然を征服するよりも自然と親しむ暮らしをしていました。

また見栄を張ることや無理をすることは美徳とされませんでした。あるいは"もったいない"精神があり，あるものを活かす生活をしていました。そんな時代の私たちはおそらく北欧のような幸せを日常的に身近に感じ続ける生活があったと思います。

さて，このようなフィンランドの風土だからこそアールトの建築は生まれました。

ここではアールトの代表作を，時系列を追って見てみます。そこには近代建築の成熟の過程と共にアールトの変わらない人や自然への眼差しを感じることができます。

3. 近代建築にぬくもりを

近代建築は世界に共通する様式の創造を目指し，その運動から生まれた代表的な様式がインターナショナル・スタイルです。アールトは当時のヨーロッパで盛んだったこのスタイルに影響を受け，そのよさを取り入れながら，しかし，そのスタイルのもつ問題点にもいち早く気づき，独自の手法をもって近代建築を人間味溢れる普遍的な価値のあるものに昇華させてゆきました。

まず，もともとインターナショナル・スタイルのフォルムとフィンランドの風土がとても相性がよかったのではないでしょうか。インターナショナル・スタイルは箱形の本体やフラットな屋根，白い内外装を基本とします。

前述したようにフィンランドは雨が少ないことに加えて，寒くて暗い

図表13- 3　アールト自邸

　冬においても室内をなるべく明るくしたい，晴れの日はとにかく日射を採り込みたいという欲求のために軒 庇をあまり必要としません。また，アールトの建築には至る所にトップライトやハイサイド・ライトがあります。内外装も白を基調とします。これもとにかく室内を明るくしたいという気持ちの表れなのですが，例えば雨が多く日射量の多い日本でこれらのことをやると，雨漏りにつながったり，日射を採り込み過ぎて室内が暑くなったりしてしまいます。白い外壁も湿気の多い日本では軒がなければきれいに保つことは難しいものがあります。つまり，インターナショナル・スタイルは世界中のどこでも成立するものではなかったのです。

　日射をたくさん採り入れる大きな窓も，冬の熱損失を考えると難しかったところを，近代の技術によって設置が可能になった点も見逃せません。1930年代につくられたこの自邸をはじめとする住宅の窓は，断熱性能の高い三重ガラスになっています。フィンランドにおいては冬の寒

さ対策はまさに生死にかかわることで，ゆえに断熱技術や暖房技術は先駆的でした。

　これらのインターナショナル・スタイルのフォルムとフィンランドの風土との相性のよさを土台にした上で，アールトは大地との接点や，人の身体の延長にあるような体温をもったプランやディテールで，無機質になりがちな近代建築をヒューマンなものに変えてゆきました。近代とフィンランドとアールトによる幸福な化学反応が起きました。その反応はとても大きなもので，アールトがいなければ今のフィンランドの建築は語れないように，これほど祖国に愛された近代建築家もいないように思います。

4. パイミオのサナトリウム　1933年

　近代建築あるいはインターナショナル・スタイルにアールト独自の視線が加えられたと感じるのが，自身の初期の出世作である「パイミオのサナトリウム」です。この建物にもアールトの温かい眼差しによる人の居場所がいくつもちりばめられています。建物の外観はインターナショナル・スタイルのいわゆる白い箱を土台にしていますが，よく見てゆくと玄関の庇が波を打ったような有機的な形をしていたり，建物の角は丸みが与えられたりと，その後に展開されるアールトの有機的なフォルムの芽生えのような部分を見ることができます。

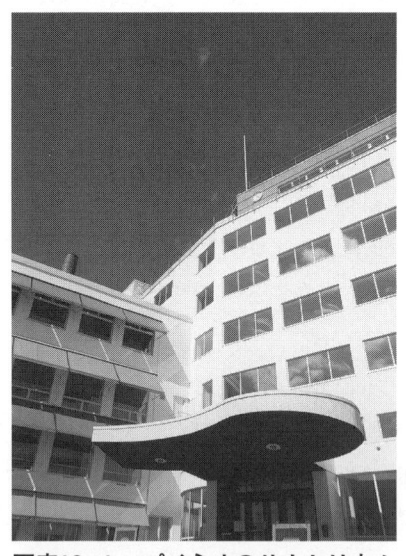

図表13-4　パイミオのサナトリウム

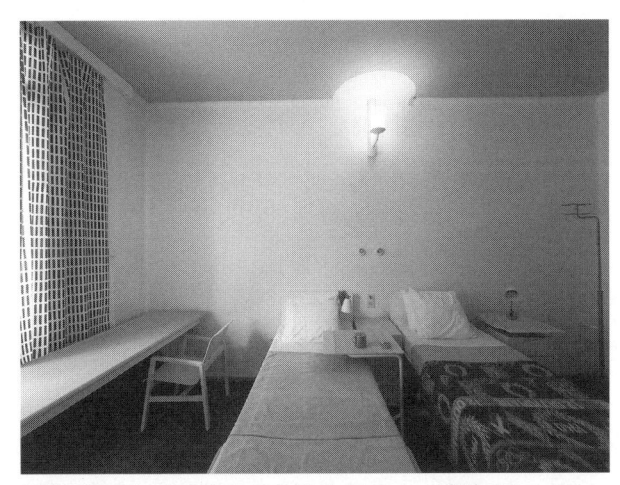

図表13-5　パイミオのサナトリウム　病室

　室内に入ると無味乾燥な近代建築とは異なる暖かな雰囲気が溢れています。このサナトリウムはかつての結核療養所です。この自然豊かな場所で患者はゆっくりと時間をかけて療養します。そんな入院患者の心身を見つめた設えがそこここに見られるのです。

　例えば病室の天井はまぶしくないアップルグリーン色で，壁付け照明の光が天井に当たる部分をあらかじめ白く塗装しておくことで，光を拡散させています。また天井と壁の境界部も，角でぴったり塗り分けるのではなく位置をずらし，やや丸く折れ曲がっているように見せることで，やわらかい雰囲気を生み出しています。ドアノブの形状は服の袖が引っかからないよう工夫されています。

　病室の洗面器の蛇口は水の音が病室に響かないように角度が調整されています。このサナトリウムでは，患者は多くの時間を天井や窓の外を眺めて過ごします。アールトはそんな療養生活に少しでも潤いや華やぎを与えようと考えたのです。

　階段には黄色をはじめカラフルな色が使われており，寒くて暗い冬はこれらの色がいかに元気をくれるかがわかります。また，手すりは，その周りをグレーに塗っていますが，これは手垢による汚れがゆくゆく目立たないようにという配慮です。これらはさほどコストや手間をかけることなく，さりげなく，けれども効果的に近代建築と人の心身をあたたかく結びつけています。

5．近代建築と地域風土を結びつける

（1）アールト自邸　1936年

　ヘルシンキに残るアルヴァ・アールトの自邸を訪れると，アールトの功績のひとつは，地域や自然風土との結びつきが希薄になりがちな近代建築をしっかりと地域や風土に結び付けたことだと見て取れます。

　モダニズム建築の名作と讃えられる住宅の多くは"風土""庭""植物"との関係が希薄です。ル・コルビュジエが設計したサヴォア邸しかり，

図表13-6　アールト自邸

図表13-7　サヴォア邸（左上），ファンズワース邸（右下）

ミース・ファン・デル・ローエが設計したファンズワース邸しかり。

　あたかも空から舞い降りてきた建築のようです。けれどもアールトの自邸はご覧のように庭や緑と建物の融合が考えられており，きちんと土地に根付いています。また建物の内外には近代建築があまり使用しなかった材料である天然の"木"を多用しています。これは森林大国であるフィンランドの特徴を生かすものであると同時に，木は人の心身に馴染む大切な素材ということにアールトは当時から確信をもっていたからではないかと思います。

　アールトは声高に未来の建築を表現するのではなく，地域の特徴を活かすにはどうすれば良いのか，日常的に人が住まう場所はどうあるべき

か，ということを等身大の人の視線で考え続けました。

　加えて前述したようにフィンランドは日照に恵まれず，ともすれば内向的で陰鬱になりがちなところをアールトは持ち前の陽気さをもって明るく前向きな世界を切り開いてゆきました。人間は考え方次第，つまりデザイン次第で大きく世界を変えることができると証明したとも言えます。この明るい性格から生み出されたデザインが祖国をはじめ多くの人びとに愛されています。

　夏以外の戸外は陰鬱なので，せめて室内だけでも明るく潤いのある世界に，という前向きさから照明計画や家具デザイン，食器，テキスタイルといったインテリア・デザインが充実したのが北欧です。家にいる時間が年間を通して長いので，家の中を楽しく潤いのあるものにしたいという気持ちが気候的なハンディキャップを乗り越えた優れたデザインを生み出しました。

　このアールト自邸も北欧のインテリア文化とアールトらしさが十二分

図表13-8　アールト自邸　仕事場

に発揮され，暮らしぶり，価値観，センスが瞬時に感じ取れる場所となっています。

　さらにこの自邸は，誰もが手に入れられる材料でつくり，見栄を張るようなところもありません。アールトは38歳のときにこの家を建て，78歳で息を引き取るまでの40年間，建築家として大成した後もずっと，この決して豪華でなければ大きくもない家に住み続けました。

　アールトは日本の伝統建築にも関心が高く，好んでそれらの画集や写真を見ていたといわれています。日本では当たり前の引き戸（スライディング・ドア）は当時のフィンランドで目にすることはなかったらしく，日本建築の影響からアールトは好んで引き戸を取り入れていたそうです。

（2）マイレア邸　1938年

　アールトが設計した住宅の中で傑作と言われる「マイレア邸」は，フィンランドの西側の田舎にあります。これを設計したのはアールトがまだ40歳を迎えたばかりのころです。いかにデザイン力が早熟で優れて

いたかを証明しています。築80年になるこの建物が程度のいい状態で残っていることにも驚きます。第二次世界大戦前に竣工しているのです。ディテールの完成度，全体の醸し出す潤いのある上質な雰囲気はさすがに傑作と言われるだけのものがありますが，それは近代建築という範囲をすでに超えた輝きに溢れています。

図表13-9　マイレア邸

　ここでは自邸に見られた日本のモチーフの発展が至るところに見て取れます。玄関の庇や室内に林立する丸柱はまるで日本の竹林のようです。柱には籐が巻かれています。サンルームには日本の障子を彷彿とさせる木の格子スクリーンがあります。このように近代建築ではまず用いられることのない自然素材を巧みに操り，無理なく建築に定着させる技術はさながら日本の数寄屋や茶室にも近いものがあります。

（3）セイナッツァロの村役場　1952年

　ヘルシンキの北部，ユバスキュラの近郊にあるセイナッツァロの村役場は，こぢんまりとした親しみをもてる建物です。

　これは村という単位の役場だからこそ，このちょうどいい規模が生まれたのだと思います。アールトのデザインの長所である素朴さや温かみが申し分なくそこここに生まれ，活かされています。

　どんなに偉大な建築家でも，一人の人間が設計できる建物には適正規

図表13-10　セイナッツァロの村役場

模というものがあると思います。その規模を超えるとどうしてもその設計者の体温が届かなくなる所が生まれるように思います。例えば映画の尺が2時間前後であるように，人間の活動はどれも心地良いと感じる規模がだいたい決まっている。人間がパッケージするひとつの完結した表現にも適正な規模があり，それは国や人種を超えて共有できるスケールのように思います。建物の場合は特に，人間の"巣"としての大きさの限界もあるのかもしれません。大き過ぎると全体が見渡せなくなり，全体を見渡せないと安心感も生まれない。この村役場はそういう観点から，建物の幸せな規模という感じがします。市役所や県庁舎だったら，こううまくはいかなかったのではないでしょうか。

　建物は基本2階建てで，一部3階となっている部分に議会室があり，中庭は1層分，土で埋めて地面を高くしています。

　この構成が非常に秀逸で，中庭側は平屋のように小さく親密に見えますし，地面と一体化した，植物とともにある人間の営みを可能にしてい

図表13-11　セイナッツァロの村役場　中庭

ます。建物のどこにいても全体の気配が伝わるような構成，スケールに
なっており，寒く暗い冬も人の温もりが感じられるようになっている点
にも注目したいところです。

　アールトの構造やディテールの考え方はおそらく直感的，彼の感覚と
いうか手癖のようなものをベースにしていたのではないかと推察しま
す。論理的ではないけれど理に適っている。ディテールが概念ではなく
手の延長にあると言えばいいでしょうか。

　また，アールトのデザインの素朴さや温かさは，アールトの視野が身
近なところにあることから生まれているように思います。多くの近代建
築家が当時提唱した，都市的なスケールの建築とは異なり，日常的なこ
とや自分の身の回りのこと，あるいは大切な人とのつながり，そういっ
た小さなスケール，人間の等身大の視線からデザインを考えているよう
に思います。だからこの村役場もどこかアールトの私小説のようで，そ
れが温かさにつながっているように感じます。公共建築だぞ，という構
えが感じられないのです。このような姿勢で建築を追求したアールト
が，結果的にどんな近代建築家よりも民衆に受け入れられ，愛され，近
代建築を成熟させたという事実は多くの示唆を与えるものではないで
しょうか。

（4）アールトのアトリエ　1955年

　アールトの自邸から歩いて数分の場所にあるアトリエ・アールトもと
ても気持ちのいい，気分が前向きになる建物です。アールトが設計する
建物はL字型のプランが多く，これも同様なのですが，中庭側の一方の
壁が円弧を描いています。これは野外劇場でもある中庭が扇形であるこ
とを受けたものです。

　アールトは建物内にハイサイド・ライトを設けて木漏れ日を採り込

み，その手前の空間には試作した照明器具をたくさん吊るしています。その様子は室内に木漏れ日が連続するようで，実に印象的でした。また，アールトは木漏れ日を人工照明に置き換えようとしていたのではないかとも思いました。年間を通して滅多に強い日射を得ることができず，"木漏れ日"を見る機会がないゆえの憧れがデザインになっているのではないでしょうか。

森と湖の国といわれるフィンランドですが，その森は日本とは違いま

図表13-12 アトリエ・アールト

す。日本は森というより山という感覚が強く，高さ方向の変化が大きいのが特徴です。ゆえに川が生まれ，海と森を重層的につないでいます。フィンランドには高い山がなく，変化に乏しい平坦な風景が延々と続きます。だから建物の内部は華やかで，変化があることが求められるのかもしれません。わずかな敷地の高低差を見逃さず，内部，外部に高低差の変化を付けて飽きさせない断面構成を取ります。

また，日本では人が住むのは平地で，山や森はその隣にある，という感覚がありますが，フィンランドでは"森の中に住んでいる"という感覚が強いのではないでしょうか。より大陸的な感覚です。ゆえに自分の居場所の"領域"を明示したり暗示させたりする設えが見られます。アールトのプランに一文字のものはほとんどなくL字型をしていたり，多数の襞（ひだ）が付いているようなものがあったり，中庭を囲んでいたりするのも，その表れなのかもしれません。広がる森の中に自分の居場所のよ

図表13-13　アトリエ・アールト　クロークルーム

りどころをつくっているかのようです。

　エントランスの横にはたっぷりとしたクロークルームがありました。

　フィンランドの人々は外套を脱いだり着たりする行為を重んじているのでしょう。それに寒い冬，訪れた人を玄関のドアの外で待たせることがないように，中に入った人が渋滞しないようにという配慮もあるのでしょう。それがプランの構成において特徴的で，温かく広々と人を招き入れる雰囲気を醸し出しているように感じます。

　食堂は素朴で気取らない暖かな雰囲気です。そしてキッチン回りは機能的に設計してあり，多くの人に愛されている建物は，こういう裏方のような場所も周到にデザインしているところが共通しています。このあたりのきめの細かさは妻・アイノの功績，センスも見逃せないと思いますし，当時から男女平等の労働環境を重んじていたアールトの思想あってのこと，という見方もできます。

　アールトは身長が167㎝くらいで，フィンランド人にしては小柄だっ

たようです。それが空間のコンパクトさに表れています。そしてこのアトリエのみならず，アールトの建築空間の魅力は移動が快適で楽しい，ということが挙げられると思います。人の身体や心理に呼応する，ストレスのない快適でコンパクトな動線が建物内に織り込まれています。

（5）夏の家　1953年

　村役場の仕事でセイナッツァロの地が気に入ったアールトは，村役場からそれほど遠くない場所に自身の別荘である「夏の家」を建てました。この別荘は日曜大工の延長のような建物で，肩肘張るところが全くありません。屋根はアールトの好んだバタフライ屋根で，雨の水が集まる谷間にベッドの枕元があるなど，なんとも不思議でユーモラスなところが多々あります。完成度を高めたり，思想を先鋭的に表そうとしたりする建築とは一線を画しています。自分の家なんだから，作ることをと

図表13-14　夏の家

にかく楽しもう，という陽気な精神でつくられています。外壁の煉瓦が
パッチワーク状なのも，積み方，貼り方を実験しているからです。これ
もクールで論理的に作られる近代建築には見られない微笑ましいアプ
ローチです。

　この別荘も自邸も，アールトの住宅は，いい意味でいい加減で適当な
ところがたくさんあります。なんだ，こんなんでいいんだというところ
と，実によく考えられていると思うところのバランスがなんとも人間的
で心地良いのでしょう。もともと住宅はそのようにラフで完成度が高く
ない方が気楽に過ごせるのかもしれないと教えてくれるのもアールトの
建築かもしれません。もちろん，このいい加減さ，ラフさは真摯な設計
の後に生まれる“余裕”のようなものと捉えることもできると思いま
す。

　この別荘はL字のプランで，中庭を囲んで高い塀を立てています。
　周囲の素晴らしい環境に対して，一旦閉じてみる。すると風景が違っ

図表13-15　夏の家　塀で囲まれた中庭

て見えますし，この環境のありがたみを強調して感じることもできます。人工的なフレームによって自然の美しさを切り取って見せて，同時に，自然の厳しさから身が守られている安心感を得ているように思います。建築をつくっているというより巣をつくっているような感覚を抱きます。

　時代の潮流にあるものを，ただ真似るだけでなく，自国の風土に照らし合わせてみる。自身の身体と感覚を通して建築を考える。身近な場所や人との大切な場所を見つめてみる。そんな姿勢から生み出された建築は"借り物"ではなく，その人そのものを表す正直なデザインにつながってゆきます。そして，その正直なデザインは生涯をかけて追求するにふさわしいテーマとなります。アールトからはそんな大切なことを多く学ぶことができるように思います。

参考文献

堀部安嗣『建築を気持ちで考える』TOTO 出版　2017年
齋藤　裕『AALTO：10 Selected Houses　アールトの住宅』TOTO 出版　2008年
中村好文『住宅巡礼』新潮社　2000年

14 | これからに向けて
私の実践1

堀部安嗣

《**目標&ポイント**》 建築をつくる上で大切なことは目先だけを考えるのではなく，これまでを振り返ることで見つかることがあります。"あるものを活かす"ということを自然，建築技術，生活などの様々な視点から見つめ直してみましょう。

《**キーワード**》 失われた30年　総合的なバランス感覚　あるものを活かす　リノベーション　手仕事と機械仕事　手刻み　デジタルとアナログ

1. これまでを振り返る

　30年以上建築の設計に携わっていると，住まいの基本やなぜ建築を作るのかという根源的な問題に向き合わざるを得なくなります。

　私の設計した家で暮らす人の心身の変化を目の当たりにし，年月を経て改めて本当にこの建築でよかったのだろうか？ということを自問するからです。

　設計している時は良かったけれども，その後の様子を見ていると世の中のスピードの速さに対応していないと感じることもあります。

　私たちはどんな場所や空間を求めているのだろうか。私たちはどこからきて，どこに向かうのか。そんなことを考えながら建築の設計をする時間が長くなりました。

　1994年に私が設計事務所を開設してからの30年は，失われた30年と言われる日本の下り坂の時代とピタリと重なります。

　日常的に意識しているわけではありませんが，自分の活動時期と時代を鑑みると私は"下り坂の時代の建築家"と言えるのかもしれません。

　平和で快活な戦後昭和とは打って変わって平成以降は，バブル経済の崩壊，阪神淡路大震災，耐震偽装事件，地球環境異変の露呈，東日本大震災，パンデミック，工事費の高騰，様々な自然災害をきっかけとして明るみになった無謀な開発といった近代がもたらした負の側面が明るみになり，人間の傲慢さを知り，人間の無謬性を疑いながら建築を問うことが年々増えました。

　これらの出来事は建築界にも大きな試練を与えます。しかしこれも建築界の自業自得な側面も多々あります。建築はこれらの負の出来事に大きく加担し，同時に翻弄されました。これらの出来事が起きるたびに建築は考え方を改め，制度や考え方や技術を絶えず更新し続けています。

　これらの負の出来事の多さと時間の流れの速さは便利な生活を享受している裏に生まれる近代の副作用であり，その近代のツケは今後もっと払わなければならなくなるでしょう。

　そんな思いから自分なりに近代とは何かを紐解くことの必要性を感じ，かつ建築をつくりながら近代を乗り越えてゆく道筋を知らず知らずのうちに考えてきたように思います。

　下り坂に活動するのは決して悪いことではありません。むしろ建築は何のためにつくるのか，これからはどう生きるかということを考えさせてくれる時代と捉えています。

　この数十年，自分を支えてくれたのは同時代を生きる建築家や建築よりも，本書で取り上げた近代建築の黎明期に活躍した建築でした。こう

いう考え方で試練を乗り越えてきたのだ，こうやって近代に向き合ってきたのだ，こういう建築を作れば何十年もいい状態で立ち続けるのだ，ということが実際に訪れて体感したり，図面を読み解いたり，文献を読んで歴史を知るとよくわかるようになりました。

本書で紹介したのは巨匠と言われる偉大な建築家で，また自分の活動時期とは時代も違います。しかしよく読み解いてゆくと，同じ近代以降を生き，同じ人間を相手にして，同じく自然を大切にしているゆえに自分が向き合っている問題や自分の考えにもさほど差異を感じなくなったのです。つまり彼らのつくった建築に"馴染める"のです。それによってとても身近に彼らを感じることができるようになったのです。

加えてさらに何百年と生き残ってきた近代以前に作られた民家や伝統建築に対する興味もますます深まりました。風雪に耐え，時の試練に耐え，なおも魅力と有用性を失わない建築に救われる思いがしたのです。

世の中は無常です。しかし人の心身を守る建築は，不変の安定感をもっていなければならないことも学びました。せめて人の一生よりも建築は長生きして，無常の人生や時代を支え見守り続けなくてはならないと考えるようになりました。

2. 包容力と寛容さ

私が建築をつくる上で大切にしていることがあります。それは"組み合わせのバランス"です。物事は他と切り離してそれだけを見たり，1つの側面だけを見ていても仕方ありません。例えばカロリーの高い食べ物がいいのか悪いのかと聞かれてもわかりません。

これから運動する人とか，エネルギーを蓄えなければならない人とか，栄養をとらなければならない人と組み合わせればカロリーの高い食べ物は良い選択になります。反対にダイエットしたい人や糖尿病に悩ま

されている人との組み合わせは適切ではありません。

　建築は二つとして同じ敷地にありません。その敷地に相応しいあり方をケースバイケースで毎回探ってゆかなければなりません。この時代において，この場所において，この環境において，この暮らしにおいて相応しい組み合わせを立体的に，四次元的に探って答えを出すのです。

　例えばこの敷地環境と暮らし方とを組み合わせた場合に，木造ではなくコンクリート造や鉄骨造の方が相応しくなることもあります。エアコンも断熱性能の高い器と組み合わせれば素晴らしい働きをします。またどうしても良い組み合わせが見つからないときには建築を建てること自体をやめたり中断することも大切な選択ですし，新築を前提に設計していたけれども，コストや暮らしや法律や環境と組み合わせると改築の方が相応しいと方向を切り替えることもあります。あるいは近代以降に作られた素材や技術も，反対に近代以前からある自然素材も，何と組み合わせるかによって潜在能力を発揮できるかどうかが大きく変わります。

　何が正しくて何が悪いのか。何が優れていて何が劣っているのかを短絡的に判断しないように心がけながら常に柔軟に物事を捉えて，総合的なバランスの良さを作り上げるように心がけています。

　その結果つくられるものは"正負"や"優劣"では決して語ることのできない包容力と寛容さをもったものになります。

　例えば多くの人が明るく開放感のある家をのぞみます。しかし明るく開放されただけの家は心身にかなりの負担を与えます。寝るとき，病気の時，静かに一人でいたいときなどは翳りが欲しくなるでしょう。様々な人の心身や営為を考えると家は開放的な"明るいところ"と包まれるような"暗いところ"の両方が必要なのです。

　明るい家がいいわけでもありません。暗い家が悪いわけではありませ

ん。問題はその組み合わせのバランスです。

3. あるものを活かすということ

　私の実践は“あるものを活かす”ということに集約できるかも知れません。

　これは本書でもたびたび出てきた言葉ですが，ここでもう少し詳しく説明してゆきたいと思います。

　建築を考える上で“すでにあるもの”とはなんでしょう？

　大きく2つに分けることができ，1つは“自分の内側”にすでにあるもので，もう1つは“自分の外側”にすでにあるものです。

　自分の中にすでにあるものとは記憶です。また記憶と繋がっている“技術”や“勘どころ”のようなものも自分の中にある大切なものです。

　私の住宅設計は自分の五感をともなった体感の記憶が根幹にあります。縁側で寝そべっていたときの風の快適さ。暑い夏，土蔵の中に入ってひんやりした体感と土の匂い。薄暗いところ，狭いところの安心感。寒い冬，暖炉の火を囲んだときの輻射熱の暖かさ。木で作られたガラス戸を開けるときの触覚や無垢の木の床から足に伝わる感覚。穏やかな山の斜面に気持ちよさそうに佇んでいる集落を見るときの心地よさ。このような体感の記憶なくして私は設計することができません。そう考えてみると設計とはいままで見たことも感じたこともないものを作り出す行為ではなくて，すでに見て感じたことを，体感の記憶を頼りにいまに再現する行為と言えるのではないでしょうか。

　以前，興味深い話を聞きました。鉄筋コンクリート造の団地で生まれ育った小学生がはじめて田舎にある旧来の日本家屋に行ったときの話で

図表14-1　ガンツウ　縁側

す。瓦屋根の下，縁側に寝そべり庭や遠くの山並みを見ながら彼はこう言ったそうです。「懐かしいね」と。彼にとってみれば未知の新しい場所なのですが，すでに体験したことのある場所のように感じているかのようです。それは DNA に刷りこまれた風景なのか，あるいは幼少期に見て聞いた日本昔話の絵本の映像がずっと頭にあったからなのかわかりませんが，いずれにせよ琴線に触れる情感溢れた実体的な場所に出会うことで記憶の回路が繋がったのではないでしょうか。

　人は記憶を頼りに生きてゆく動物と言われています。言い方を換えれば懐かしさのような記憶に関わる情緒抜きでは人は生きてゆけないということです。懐かしさは視覚だけでなく触覚，聴覚，嗅覚，味覚といった五感をともなった記憶が呼び起こされ，それと向き合うことでいまの自分の肉体，存在，歴史，居場所を肯定することができ，気持ちが未来にひらかれてゆく前向きで大切な感情と言われています。その証拠に人は自分にとって負の感情を抱くものに出会ったときには決して懐かしい

とは感じません。懐かしいものや人に出会ったときに，人は自然と笑み
を浮かべていることが多いですね。懐かしさとは人の"正"の，そして
"生"の感情なのです。

　この自分の記憶を見つめて，活かしてゆくように設計をすると面白い
ことに他者の記憶と重なり共振するところも見えてきます。他者の家を
設計するときには何よりそのことを大切に心がけています。

4. 自分の外側にすでにあるもの

　次に建築を考える上で自分の外側にあるものを考えてゆきます。

　これから建設が予定されている更地の状態の土地をイメージしてみて
ください。

　"更地"とはまだ何もない土地，という認識がありますが，地盤，隣
家，借景，道路，インフラ，法律，形質，歴史，気候風土，匂いなど目
に見えるものから目に見えないものまで更地には様々なものがすでに存
在しています。つまり更地であって更地ではないのです。

　私の実践とはこれら"すでに存在しているもの"に気付き，あぶり出
し，それらの存在と関係を見つめ，そしてそれらすでに存在しているも
のを設計に活かしてゆくことなのです。

　また建主はここを自分が"所有している土地"，と当然ながら認識し
ています。しかし先に挙げた更地に"すでにあるもの"のほとんどは建
主の所有ではありません。

　特に敷地に降り注ぐ太陽や風や水蒸気，あるいは空気や雰囲気や眺め
などは建主のものではないばかりか誰のものでもありません。そもそも
人間が所有できません。

　その土地の地下も，そして上空も数mを超えると建主のものでも人間
のものでもなくなります。所有地とは地表面のほんのわずかな層におけ

図表14-2　北杜の家　畑から見たところ

る今日の不動産的で平面的な物差しだけで測られるものであって，私たち設計者は敷地の中に建主が所有していないもの，そして決して所有できないものが四次元的に溢れているものとして土地を捉えて設計をしています。

　そして光や風や雨や空気や眺め，あるいは土中の菌類などは敷地境界など全くお構いなしに立体的に動いて出入りしています。ここからは自分の土地だからといってそれらを立ち入り禁止にすることは不可能です。だったらそれらの力を借りてゆこう。こんなふうに考えます。建主も設計者も所有はできないけれども，代わりに大きな力を無償で借りることができ，その借りた力の活かし方によって建築が形つくられてゆきます。

　よく環境や風景に馴染む建築，という言い方をします。自分もそうつくりたいと思うのですが，そのことを達成するためにはこのようなことを常に意識し続ける必要があります。

図表14-3　軽井沢の家Ⅰ

　さらにこのように考えてくると，私が設計して建物ができた後，土地にもう一度お返ししなければならないことに気付くことができます。

　"借景"を例にします。風景を借りたのであれば，自身の建築で風景にお返ししなければならないと考えます。あるいは日照を無償で借りたのであれば，隣家や道路にも日照が当たるように配慮したいと考えます。その街の雰囲気や歴史を良いと思って土地を選んだのであれば，自身の建物も雰囲気の良さや歴史につながるようなものにしたいと考えます。

　第4章で，自然や他者の力を上手に借りるのがパッシブデザインであると言いました。前述したバスケットのドリブル同様，柔道の対戦中の力の動きをイメージするとわかりやすいかもしれません。力の"完結"ではなく力を"連鎖"させ，さらに力を循環させることの美しさが見てとれます。

　反対に強引に"所有"にこだわったり，自身の敷地の周囲にぐるっと高い塀を立てるように自然と他者から隔絶された循環しない世界を作る

ことを私は好みません。そのような建て方をした建築は，あたかも養分を土から吸い上げられない作物のようにすぐ枯れてしまう姿を数多く目の当たりにしてきたからです。

　この"借りる"ということの連鎖や循環は一人が所有したり独占することよりもずっと豊かであり，利他的なはたらきがあり，本当に大切なことを大切にし続けるということに繋がり，そして淀みなく世界の辻褄が合って行くことにつながることを実際の建築の現場を通して近年強く実感しています。そしてこのような話を建主や施工者に説明して共感してもらうことも大切なことだと考えており，建主，設計者，施工者という立場の違いを超えて利他的な作用のある建築を作りましょうと確認することから計画をはじめます。

　職人や施工者の技術，建主の理解力や暮らしのセンスなどもすでにあるものであり，それらが活きるような設計をすることも非常に大切なことだと考えています。

図表14- 4　ケヤキガーデン

5. あるものを活かす改築の仕事

あるものを活かす，ということで大切に考えている具体的な仕事は
"改築" です。

もうすでに大量の建築のストックが溢れています。またエネルギー問
題，工事費の高騰，自然破壊，人手不足，資材の供給体制といったこと
を鑑みると，なぜあえて新しく一から建設しなければならないのかとい
う疑問が自然と湧いてきます。そろそろスクラップアンドビルドの時代
を終わりにしなければなりません。

また今は耐震改修や断熱改修の技術や方法も定まってきています。改
修のプランニングの技術が加われば，改修前とは比べ物にならない質を
得ることができます。

今までは新築は位が高く，改築は位が低いイメージがありました。新
築は何でも希望通りにできて，改築は制限があり我慢するところがある
と思ってしまうからでしょう。

しかし改築に向き合うと，決して新築の仕事では考えつかなかったア
イディアが生まれ，新しい発想が生まれることが多々あるのです。改築
は新築よりも工事費が抑えられるので設備や家具に予算をまわせること
も見逃せません。豊かな暮らしとは器と中身のバランスです。これから
も改築の豊かさを建築家の立場から伝えてゆきたいと考えています。

さて木造の良さは "改築がしやすい" ところにもあります。増築や減
築も容易にできます。しかし増改築には伝統的な大工技術である "手刻
み" という手仕事の技術が必須です。現場で柱や梁を追加するときなど
に，この技術がなければ現場で対応できません。

また大工の教育においてもこの手刻みは必要で，この技術を習得する
途中で木の素性や特性を身体に染み込ませることができるのです。

図表14-5　改築例1・大山阿夫利神社「茶寮 石尊」

図表14-6　改築例2・城崎温泉 泉翠

図表14-7　改築例3・さとローグ

　現在，安価に大量に加工できるプレカット（大型の機械で柱や梁を加工すること）が木造の構造材加工のほとんどを占めており，手刻みの技術の継承が危ぶまれています。

　私の設計する木造建築も，20〜30年前はほとんどが大工の手刻みで加工されましたが，この10年で9割以上がプレカットに変わりました。私自身も価格競争に負けてきているのです。

　しかし，今でも手刻みでできるチャンスがあれば多少費用はかさみますが建主に説得して手刻みを薦めています。そして建主に手刻みの現場や加工風景を見てもらうように努めます。それによって家への愛着が深くなりますし，自身の家の普請によって大切な技術の継承を促しているという実感が得られます。

6. 手仕事と機械　デジタルとアナログ

　手刻みとプレカットの関係は，設計のツールである"手描き図面"とコンピュータによる"CAD図面"と似ています。結論から言うと，"どちらも大事"なのです。

　現在も設計段階において適材適所でこの2つの技術を使い分けています。

　問題は手描きや手刻みの技術や道具がなくなってしまうことです。手描きでなければ描けない表現が多々あり，手描きを習得しなければ建築のスケール感を身につけることは困難です。

　手仕事と機械仕事。デジタルとアナログ。どちらも選択できる贅沢で表現豊かな時代が今であると肯定的に受け止めたいと思います。そしてこの豊かさが続くように，そして両者の良いところが発揮されるような活動を心がけています。

　私たちは近代がもたらした様々な恩恵にあずかって生活をしています。建築で言えば，防水技術，断熱技術，機械空調技術などの進歩により雨漏りに悩まされたり，家で凍え死んだり，虫や動物の侵入に悩まされたりすることは激減しました。

　第5章で述べたとおり，近代のもたらした闇や副作用が広がっているからといって，近代以前の生活には戻ることはできません。このように考えると近代が残してくれた"すでにあるもの"をうまく活かしてゆかなければならないと言えるでしょう。

7．ないものねだり

　さて"あるものを活かす"の反対は"ないものをねだる"ですが，ないものねだりをして私たちはあまりにも大きな失敗を経験していることにも触れなければなりません。近代以降の日本は急速に西洋に憧れ，真似て，それまで存在していた自然，文化，景観，教育や倫理観といった本当の財産を捨てていった側面があります。

　第1章でも述べた通り，日本は軍艦や飛行機を動かす資源は乏しかったけれども森林資源や水資源などはとても豊かだったことを軽視しました。そして植民地や化石燃料の資源の獲得と所有にこだわり続け，あの凄惨な戦争に結びついてしまったのです。

　そして戦争に負けると，あれだけ所有にこだわった植民地や資源のみならず，人命，自然，景観，生活といった最も失ってはならないものまで失いました。あるものを活かさず，ないものねだりをすることは散々な結果をもたらすことを決して忘れてないことを肝に銘じたいと思います。

　また第3章で述べた通り，身近に存在する木や土といった心身にきわめて大切な働きをする材料を尊重し，足元にあるものに評価を与え，わ

ざわざ遠くから輸送費をかけて材料を調達することがなるべくないように心がけながら建築を考えています。

図表14-8　京都・鈍考（私設図書室と「喫茶 芳」）

図表14-9　京都・鈍考　私設図書室部分

8. 足るを知る

　あるものを活かすということの延長に建築の規模の問題が繋がります。あるものを活かすとはすなわち"足るを知る"ということです。

　さほど広く大きくないけれども，これで十分楽しく不自由なく暮らせるという規模をしっかりと見定めることを重視しています。

　これからの時代，住宅の大きさは，どのぐらいを基本単位に考えればいいのでしょうか。かつて日本の家族は兄弟や親類も多く，一戸の家に3世代にわたり住むことも少なくありませんでした。しかしある時期をピークに，一戸の住まいにおける住人の数は減少する方向にあります。時代の流れから考えても従来の住宅の大きさは見直さなければならない時期に入っているでしょう。

　多くの人が，子どもの誕生や両親との同居を契機とするように，家の建設はその家族が最大人数となる時期に計画されることが多いように思います。そんなときどうしても大きな家を建てたくなってしまうのは無理もない話ですが，しかしそれから家族は，減ってゆきます。子どもは独立し，親は亡くなり，そして夫婦もどちらかが先にいなくなります。

　また従来の日本の家は断熱性能が低いため，冬暖かく夏涼しい部屋は少なく，結局は快適なスペースは冷暖房がゆきわたる小さい範囲に限定されて生活している状況を目にする事も少なくありません。

　つまり，せっかく大きな家を建てても使われない部屋や快適でない部屋が生まれて，実質的に小さな家になってしまうのです。

　家も人体と同じように使われていない機能や場所があっては血流が滞り，全体の稼働率が低くなるとそこからバランスを崩し，病気や劣化や傷みにつながっていってしまいます。やはり性能が悪い家や大き過ぎる

家は，その家を次世代が引き継ぎたいと思う気持ちにはなれず，このことが今，空き家問題の原因の一つになっているように思います。

　反対に断熱性能を上げると，家中同じ室温になり，冬廊下が寒いとか座敷が寒いとか使っていない部屋が寒いといったことがなくなります。また夏は2階に上がったら暑くていられないということもなくなり，家のどこに行ってもストレスがなく快適でゆえに家中の稼働率が上がるのです。つまり物理的には小さな家でもおおらかに広々暮らせるのです。小さくて広々した家。コストもかからずエネルギーも浪費することなく実に魅力的です。

　また住宅は数人で暮らしても窮屈でなく，一人になっても寂しくない，そんな大きさがちょうどいいのではないでしょうか。そんな住宅の大きさを具体的な数値にあらわすと延べ床面積で100㎡前後が一つの基本単位になるのではないかと私は経験上考えています。現代の生活に求められる部屋が無理なくおさまる物理的条件と心理的条件のちょうどよ

図表14-10　鎌倉大町の家

い交点がそこにあるようなのです。現代の人間の巣としての適正規模と言えるかもしれません。

　また，たとえば夫婦と子ども2人の家族であっても，家族全員が家に揃っている時間は意外と少ないものです。1日のうち，子どもは学校や塾に行っている時間，親は仕事に行っている時間がほとんどです。母親が家に残り家事をしている状況を考えても，一人でも寂しくなく，家中の気配が伝わり，全体に目が行き届きやすい大きさであることが大切でしょう。つまり家族全員が同時に家に居て，暮らしている時間はそう長くはないことや，維持管理がしやすいこと，そして最後，住人は一人になるということをあらかじめイメージし，理解して大きさを考えることが必要なのです。

　この"大き過ぎる問題"は住宅のみならず，公共建築にもあてはまります。建物を計画する時点で想定する様々な立場の人の希望や欲望に応えるように設計すると，建築はとてつもない大きさに膨れ上がってしまいます。しかし竣工後しばらくして，設計者も依頼者もここまで大きなものは必要なかったと反省することが少なくありません。そうなってからではもう手遅れなのです。建築は簡単には小さくできないからです。また規模が大きいとランニングコストがかかり財政を圧迫し，建物を支える人たちが働きにくく維持管理が行き届かなくなってしまいます。さらに周囲に与える圧迫感も無視できません。建築においては"大は小を兼ねる"わけではありませんし，"大きければ立派で贅沢"なわけでは決してないのです。むしろ小さく過不足ないことは堅牢さや持久力を示し，"小さいことはスマートである"のです。設計者や住み手，使い手はこれまでの価値基準を変えてゆかねばなりません。

　住宅を小さくつくるとさまざまな利点が生まれます。当然ながらランニングコストのみならずイニシャルコストも抑えられます。また建ぺい

率や容積率を最大に満たしてつくらなくてもよくなると，隣家や道路に対しての圧迫感がやわらぎ，周囲に日照や通風を与えます。さらに境界と建物の間に余裕が生まれると，樹木を植えられるようになり，軒庇<ruby>軒 庇<rt>のきひさし</rt></ruby>もしっかり出せるようになります。この軒庇というのは特に木造住宅において必須といえるもので，これがあることで住宅の性能も雰囲気も格段によくなります。外壁は雨に当たらず汚れなくなり，夏の日射を防ぎ，雨の日でも窓を開けることができます。また建物に陰影が生まれ景観にも寄与するでしょう。

9. まとめ

　私たちは自然と他者と密接な関係をもってようやく生きることができています。

　自然は時に厳しく，他者も意見が合わず面倒臭いからといって，それらの存在をシャットアウトすることは不可能です。これからの住まいの姿を悪い方向に想像すると，この“分断”を加速させた姿が見えてきます。

　自然や他者を隔絶し，スイッチポンで室内が全てコントロールされ，目障り耳障りなものは排除するような住まいです。また自分だけがこの住まいを所有しており，他者や自然には景観や財産を一切貸さない，返さないような姿勢を生む住まいのあり方を疑わなくてはなりません。自然と他者と対立構造をとってしまっては，驚くほど早く建物の賞味期限は切れ，維持管理もままならず，価値も評価も持続しないことは歴史が証明しています。

　さて本書の前半で高断熱高気密の重要性を説いてきました。しかしこれにも落とし穴があります。断熱気密性能や機械空調を間違った方向に

急進的に，そして短絡的に加速させることは前述した自己完結型の自然や他者との繋がりを絶った住宅を大量に生む危険性を孕んでいるのです。そうならないように丁寧な説明と具体的な技術と方法論を示さなければなりません。

　次の最終章ではその実践を紹介します。

参考文献

堀部安嗣『住まいの基本を考える』新潮社　2019年

15 | これに向けて
私の実践 2

堀部安嗣

《**目標&ポイント**》 設計手法や具体的な事例を挙げながら，これまでの講義で学んできたことがどう活かされているかを確認します。これからの住まいのあり方を考えるためには，多面的に複合的に物事を捉えることが大切です。

《**キーワード**》 自然　他者　雪山の小屋　人工的な環境　縁側　半戸外　自然を修復する

さて，いよいよ最終章となりました。この章では今，私がこれからの住まいと建築はどうあるべきなのかを詳しく説明しながら，具体的な事例や設計手法を紹介してゆきたいと思います。

同時に第2章（住まいと健康）や第4章（住まいと省エネルギー）そして第14章のまとめで疑問を呈したことに対する私の答えとなっています。

人間とは何か。住まいとは何か。近代とは何か。パンデミックを経験し，環境問題やエネルギー問題といった人類共通の深刻な問題にどう向き合ってゆくのか。本書をここまで読んだ方は，それらに対する自身の考えが芽生え始めているのではないでしょうか。

そして私が本書で紹介した近代建築家からこれからを考える多くのヒントをもらったように私の実践が本書を読む多くの方の考え方のヒントになることを願っています。

1.　自然と他者を受け入れる住まい

　健康上でも省エネルギーのためにも断熱気密性能の向上が必須であることは繰り返し説明してきましたが，そのことを短絡的に考え実行してしまうと第14章のまとめで述べたような自己完結型の分断された住まいを生んでゆきます。

　空調設備や断熱気密性能は健やかさや省エネを促す重要で有効な手段に過ぎないのですが，それだけが強調され一人歩きしてしまうことにより，どこかで間違った方向にこれからの住まいが進んでしまうことを危惧しています。

　また住まいが自己完結して高性能で快適になると，"自分さえよければ良い"という住まいのあり方になり，庭や自然や町との接点が乏しくなり排他的な佇まいになるのは必至でしょう。

　これらの住まいに本当に大切なことは自然と他者を受け入れ，力の貸し借りをすることです。これがこれからの住まいのあるべき姿であり本当の目標だと思います。

　この状態を作ることができれば健やかに暮らせ，省エネルギーも達成されます。

　さらに街並みや風景も潤い，地域コミュニティーも健やかに機能するように思います。つまり家も街も人もギスギスしなくなるのです。

　これからの理想の住まいの姿に現実的に近づくためにも，少し遠回りしながら丁寧に自分の考えと実践を説明してゆきます。

2.　人工的な環境

　例えば凍えるような寒さと吹雪の中，雪山を同伴者と歩いている光景を想像してみましょう。身体は冷え，空腹や睡魔が襲ってきます。する

288

と二人の間にも会話はなくなり心は閉ざされてゆきます。

　そんな時，ようやく見つけた小さな山小屋の姿と小さな窓から漏れるあたたかい灯りと，煙突からの煙にどれだけ心身が救われるか容易に想像ができるのではないでしょうか。

　中に入ればそれまで決してできなかった営為が可能となります。暖を採ったり，服を乾かしたり，食事をしたり，会話をしたり，眠ることができるでしょう。同伴者との関係もあたたかいものに変化しています。物理的には小さな建築ですが，建築が担うべき大きな役割を表しています。

　このように建築とは，人の居場所や数々の営みに対して相応（ふさわ）しいように自然環境を人為的に変化させ，そして作られた人工的な環境を閉じてその状態を維持する役割を担っています。

　自然や他者を受け入れる建築が理想の姿であると言いました。この山小屋では自然環境を人為的に変えたことにより，他者を受け入れる環境をつくったと言えます。

　またこの暖かい山小屋の室内にいながら外の雪景色を窓から見ている自分を想像してください。今まで見ることも降りかかることも嫌だった雪を，穏やかに美しい風景として眺めている自分がいるのではないでしょうか。自然環境から遠ざかることで自然を美しく感じられるようになったのです。

　加えて最近は寒さに加えて猛暑という自然環境の厳しさから逃れる人工的な環境も不可欠となっていますが，猛

図表15-1　十日町の家　雪の外観

暑日，外にいるときはあんなにエネルギーをもらっている太陽でさえ見るのも嫌になってしまうのです。

人為的，人工的という言葉はあまり肯定的に使われなくなりましたが，私たちは生きてゆくために，ある程度閉じた人工的な環境を必要としていることを認識しなければなりません。そうしなければ自然を美しく尊いものだと感じる心も生まれないのが人間の面白く複雑なところです。

そしておそらく人間以外の動物は自然を美しいと思っていないでしょう。

それは人工物を作ったことがないゆえ，自然と人工の比較もしたことがないからではないでしょうか。

3. 自然と一体化する縁側

一方，私たちは寺院の縁側空間に代表されるような半戸外の，あたかも自然環境と一体化した居場所にも心惹かれ，そこに快適さを見出す力を相変わらず持っています。風や匂いや季節感を存分に感じられ，自然環境との一体感を得られる情感溢れる場所は，現代においても多くの人に人気があります。

しかし注意深く考えてゆくと，軒によって日差しや雨を遮っていたり，湿気から守るように床を上げていたり，風通しを促していたり，床を手触り足触りの良い素材で平らにつくっていたりと，雪山の小屋と程

図表15-2　高桐院の縁側

度の違いはあるにせよ，決して自然環境にはない場所を人のためにつくっていることに違いないことが見えてきます。

　そしてイメージの上ではとても快適に思える半戸外空間も，ここで四六時中，一年を通して暮らすとなると様々な問題が生じるのは言うまでもありません。

　暑さ寒さはもちろんのこと，騒音や埃や虫の侵入にも現実的に悩まされます。また縁側やオープンエアのカフェのような半戸外は，条件が整った時には情緒溢れる素晴らしい人の居場所になるけれども，条件が揃わない時には人に厳しさを強いる場所となります。今まで多くの建築家は居室と戸外とを建具を大きく開閉させて繋ぐ方法を数々生み出してきました。気候や心身の好条件が揃えば，建具をフルオープンにして室内を半戸外化するやり方です。しかし建具の操作が煩わしく，また気候的好条件もなかなか揃わず，建具の気密性水密性もなかなか上げられず，費用対効果が上がらないまま開閉の稼働率は下がってゆくのが現実

図表15- 3　　オープンカフェ

だったように思います。

　雪山の小屋のような安定した閉じた快適さ。縁側のような半戸外の不安定な開いた快適さ。極端な性格をもつ場所であるがゆえに，この2つの場所を共存させることができればそれぞれの良さを引き出し合い，問題点を補い合い，魅力ある住まいの環境がつくれるのではないだろうか。それに気づいた今，その組み合わせを重視して住宅を設計しています。

4．韓国とカンボジアの民家

　以前，韓国の安東にある220年以上前に建てられた北村宅という民家を訪れ，泊まったことがあります。この家ははっきりと夏の部屋（開いた場所）と冬の部屋（閉じた部屋）が分かれており，夏の部屋は建具もなく吹きっさらしの半戸外空間です。反対に冬の部屋は開口部も少な

図表15- 4　　韓国・北村宅

く，壁天井に韓国和紙を貼って気密性を高め，そして有名なオンドルの床暖房が施されています。泊まったのは夏でしたが，風通し抜群の夏の部屋の快適性はもちろんのこと，外気の影響を受けにくい冬の部屋も安定していて意外と快適でした。つまり安定した閉じた場所と不安定な開いた場所の対比が実に効果的で，また冬の部屋は決して冬のためだけでなく夏においても稼働率が高かったのです。

一方カンボジアの民家は1階のほとんどが半戸外のピロティーとなっており，ここに台所があるので家族はほとんどの時間をこの半戸外で過ごします。ピロティーの床は大地と連続して子どもたちはここを笑顔で裸足で駆け巡っています。

カンボジアはポル・ポト政権時代の影響がいまだに残り，近代化が遅れた国です。衛生状況や教育や経済もインフラ整備も不安定で，近代化がアジアで最も早かった日本とは対極的ですが，日本の住まいや暮らしには見られなくなった幸せそうな楽しい暮らしが繰り広げられていると

図表15-5　カンボジアの民家

私の目に映りました。行き過ぎた近代化や住環境の幸せな姿とは何かを深く考えさせられます。

　さて2階の閉じた部屋に上がるのは寝る時と，動物や虫から身を守るときと，雨季で地面が水浸しになる時ということですが，この安定した閉じた2階があるという安心感があるから1階の半戸外の生活が成立しているのだと思いました。

　時代背景も，経済的背景も，環境も異なりますが，このように安定した閉じた部屋と，不安定で開いた快適な場所を，しっかりと分けてつくられた民家のあり方が，日本のこれからの住まいのあり方に対して大きなヒントを与えてくれたのです。

図表15-6　カンボジアの暮らし

5. 葉山の家Ⅲ

　3年ほど前に葉山に両親のための小さな家を設計しました。

　高齢の住まい手のためを考えたり，光熱費のかからない設計を心がけたり，パッシブデザインを追求するためにも断熱気密性能の高い住宅を設計することに迷いはなく，断熱等性能等級6相当の高い外皮性能を実現させました。何よりそれまで体感していた断熱気密性能を高めた住まいの心身の快適さを，両親をはじめ多くの人に味わってもらいたかったのです。

　完成後ここで長い時間を過ごしました。一言で言うと実に安定的に快適です。調湿，断熱性に優れた素材と相まって，湿度が高くジメジメし

た気候でも室内はさらっとしています。住人はもう慣れてしまったようですが，訪れた人は必ず木のいい香りがして気分が良いと言います。冷房暖房は連続運転を基本としていますが，驚くほど燃費はかからず，真夏も真冬も空調機が動いているかどうかもわからないほど静かに穏やかに快適な室温を家中でキープし続けます。高い断熱性能により，室内の表面温度は外気の影響を受けずに，真冬でも体温が奪われることはありません。

しかしこの家で過ごしてみての一番の収穫は，台所の横に設けた半戸外のテラスの稼働率の高さだったのです。中間期のみならず，真冬でも真夏でも積極的にこの半戸外に出たくなるのです。

以前，高断熱高気密住宅に住んでいる人は積極的にキャンプに行きたくなると聞いたことがありました。つまり家の中が安定して快適であればあるほど，不安定で揺らぎのある場所を欲するようになることの表れだと思います。あるいはその安定した環境を当たり前に思ってはいけな

図表15-7　葉山の家Ⅲ　広間

図表15-8　葉山の家Ⅲ　テラス

いという動物としての本能的なセンサーが働いているのかもしれません。

　テラスでは今まで出ていなかった日差しが急に差し込んできたり，急に寒くなったり，突然風が強くなったり，意外な音がしたり，近所の人が通ったりと，様々な予期せぬことが当然起きます。その不安定な揺らぎを実に楽しく愛おしく感じられる場所なのです。

　また近所の人や町にはオープンな雰囲気を提供することができます。お互いガラス越しではない人の営みや風景を見ることはなんとも多幸感があるのです。

　そしてその不安定さやオープンさを許容できるのも，いつでもすぐに外皮性能が高く安定した閉じた快適な場所に戻れる安心感と信頼感があるからなのだと思います。

　本書を読んでいる方のほとんどは，高断熱高気密住宅の体感がないと思うのでこの話を理解することが難しいかもしれませんが，露天風呂や

サウナと外気浴をイメージするとわかりやすいかもしれません。真冬でも裸を外気に晒せるのも，すぐ熱い風呂やサウナに入れることが約束されている信頼感があるからなのです。中途半端なぬるま湯や熱くないサウナだったら，裸を晒して外気浴をする気にもなれないでしょう。また暖かいお風呂に入っているときは，冬の景色や雪なども美しく魅力的に感じることは誰もがイメージできるのではないでしょうか。

　家も同じように，中途半端でムラのある暖かさの断熱等性能等級1〜4程度の性能だったらここまで半戸外の魅力に気付かなかったのではないかと思います。暖房の効く部屋から外はおろか廊下にでさえも一歩も出たくなくなってしまいます。

　高断熱住宅に住んでいる人は基礎体温が上がると言われていますが，そのことが深く関係しているように思います。

　またテラスの稼働率は台所に隣接していることも大きく関係しています。春夏秋冬，気軽にテラスでお茶をしたり食事をすることができるからです。サービスの距離の短さと楽さがとても重要です。当然外気を感じながらの飲食は美味しさが違って感じます。家の中が安定して快適ならば真夏でも真冬でもテラスで飲食を楽しむことができるのです。

　ここまでテラスを"半戸外"と呼びました。つまり屋根の架かったテラスと言うことです。もし屋根が架かってなければ，稼働率は半分以下に下がってしまい有効に活用されなくなることは間違いありません。

図表15-9　葉山の家Ⅲ　台所との関係

図表15-10　菰野の家　平面図

　雨の日，日射が強い日，外からの視線が気になる時はテラスに出れなくなってしまいます。またテラスの床が木だとすると，雨に打たれてすぐ腐ってしまうでしょう。すなわち外部環境を楽しむ場所には屋根は必須なのです。

　最近の私の設計の事例では半戸外のテラスに，網戸や簡易なガラス戸も入れるケースがあります。それらがあると，蚊などの虫や砂埃に悩まされることも無くなります。

　環境や時代が違うので，作りや性能はもちろん違いますが，韓国やカンボジアの民家のような半戸外の楽しい活用という点においては同じ効果が生まれたのではないかと思っています。

　さらに半戸外のスペースがあると，庭を充実させ楽しみたくなります。

　それだけ庭と生活との距離が半戸外スペースによって縮まり，庭と親しむ生活になります。樹木の有難さと魅力を日常的に感じられる住まいは，すなわち周辺にとっても街並みにとっても潤いを与えます。

6．外皮性能を高めた住宅の問題

　外皮性能を高め，安定的な環境を手に入れてはじめてわかることがあります。その快適性をいつしか当たり前と感じてしまい，やがて人が全ての快適性をコントロールできると過信してしまう危険性があるということです。その状態ではほんの些細な予期せぬ出来事が許せなくなってゆくことが容易に想像できます。僅か1℃を機械が完璧にコントロールできないもどかしさや，ほんの小さな音や振動や匂いの発生も人為的にコントロールできるはずという錯覚も生まれてしまいます。性能の高さをさらに求める欲望も際限なく広がってゆきます。半戸外もなく家を密閉してしまうと，当然庭や外構計画に関心もいかなくなります。しかし

そんな心理状態になる前に，不安定で野性を感じる場所にすぐ出ることができればよいのです。

　その場所が自身の家にあることが理想的です。気温も風も湿度も音も匂いも，そして他者も決して自分の思い通りにはコントロールできないのだということに瞬時に気付けるのです。そして"なんだそういうことだよね。"と，おおらかで穏やかに，他者や出来事を許し合える気持ちになるのです。

　自然と他者を受け入れ，力の貸し借りをする住まい。

　これからの住まいは自然を美しく感じられ，人の心を開くためにつくらなければならないと考えています。

7．建築の未来

　次頁のグラフは日本の人口推移を表したものです。まるでジェットコースターに乗っているかのようです。私たちが生きている時代は歴史的にも過渡期にあり，これまでの急上昇から，一気に急降下してゆくことが高い確率で予想されます。これは人口のグラフですが同時に，建築，道路，土木といった人工物の数，あるいはエネルギー使用量，そして失った自然の量も比例していると思います。しかしこの先，人工物は人口の減少と連動して激減してゆくとは限りません。近い将来人口が終戦後と同じレベルになっても，建築や道路の量が同じように減ることはないでしょう。

　ゆえに急上昇した時代に生み出された正の遺産はこれからの時代もしっかりと活かし，負の遺産は知恵によって正に変換してゆくことが必要です。産業遺構を観光地として蘇えらせたり，車の通行がなくなった道路を人の憩いの場所に直してゆくようなことがますます重要になってくるでしょう。しかしそれでも活かせない人工物は積極的に取り壊して

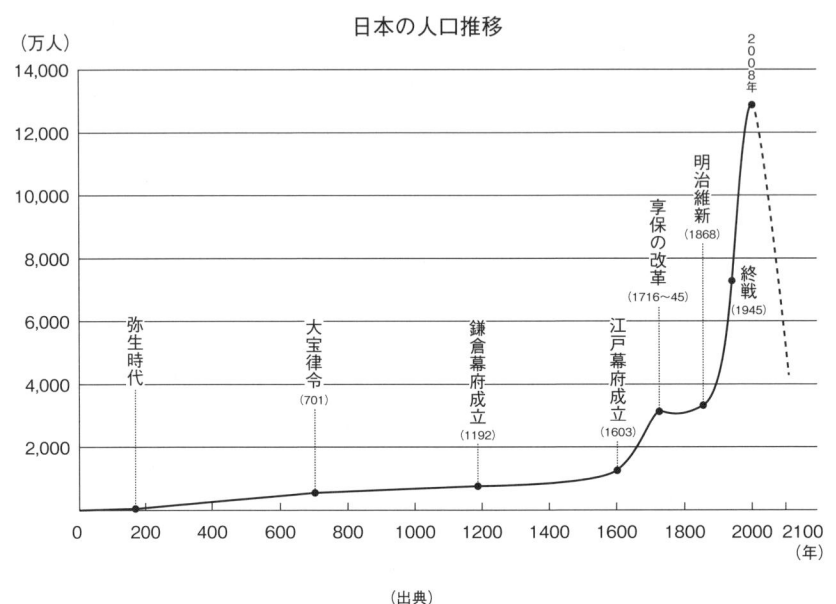

（万人）
日本の人口推移

図表15-11

（出典）
『図説　人口で見る日本史』（鬼頭宏著，PHP研究所．2007年），
「我が国人口の長期的な推移」（「国土交通白書」所収，2013年）の
データをもとに作成

　ゆかなければなりません。そうしなければ国全体がゴーストタウンに
なってしまいます。急進的にいかないまでも漸進的に人工物を減らすこ
とを心がけてゆくことが求められています。いずれにせよこれ以上計画
性のない人工物の増加や自然破壊は控えることを基本としなければなり
ません。
　建設を生業にしている人には耳の痛い話ですが，このような時代に建
築を新しく建てるときには建設に関わる誰もがいままで以上に慎重に過
去をふまえて未来のことを考えなければならないように思います。量よ
り質の時代になったことは一目瞭然です。これからの建築は歴史を見つ

めた質と持久力が備わっていなければならないのです。

　一方で，これからの時代は人工物の減少と連動させて傷んだ国土や失った自然をかつての姿に戻してゆけるチャンスと捉えることができないものでしょうか。自然を元の姿に戻すということが，生活の質の向上のためにも，町づくりの魅力のためにも，あるいは観光のためにも有意義になってくるのではないかと思います。それと経済効果が結びつく仕組みと実績が作れれば，国土と自然を元に戻すことは現実味を帯びてくるのではないでしょうか。そしてかつての美しく唯一無二な日本の自然，風景，風土がもとの姿になったら，住宅もそれらとともにある情感豊かな姿に自然に戻ってゆくことができるかもしれません。それは豊かな人の記憶を育み，誇りある原風景を形成してゆくでしょう。

8．大串半島活性化計画

　2019年より2024年にかけて，香川県さぬき市に自然公園と飲食施設を複合した公共建築を設計しました。このプロジェクトのテーマは“国立公園にふさわしい景観と植生に戻す”です。

　この敷地は瀬戸内海に突き出た大串半島の先端にあり，瀬戸内海国立公園に指定されています。しかし昭和の開発により国立公園としてふさわしくない人工的な設えや景観になっていました。また敷地内には箱型のコンクリート造の大きな宿泊施設がありましたが利用客の減少により営業が終わり廃屋となっていました。

　私はこの計画の主役は“自然”であり，建物は脇役になるべきであると市に提案しました。新しく植える樹木はもともとこの地域に生息していた樹種に特化し，セメントを使った道路や手すりではなく自然石や自然素材を使ったものに直して風景を修復してゆくことを主な目的とし，そのことをさぬき市が納得して受け入れてくれたことから具体的な設計

がはじまりました。

　建物は木造で素朴にかつ堅牢に作り，さらに過不足無い規模と的確な構造形式を考えました。

　瀬戸内海はもともと世界にも類を見ない個性的で美しい景観の場所です。

図表15-12　大串半島活性化施設　俯瞰

図表15-13　大串半島活性化施設　アプローチ

　この景観の修復をともなった建築計画というのは大変有意義で，これからの公共事業が担うべき大切なことであると感じました。

　また経済成長が見込める時代や，成長過程においての建築や計画のあり方とは明らかに変わってきたことも実感しました。

　この数十年，建築を生業とする人は自然を破壊し，過分な規模の華美な建築を作ってきました。それを可能とする技術や材料や経済力があったのです。これからは建築に携わる人こそが自然の修復と修景の仕事に注力する時代になることを強く望むと同時に，自分が建築家として関わってゆきたい仕事は，まさにこういうことだと確信しました。

9. まとめ

　1870年ごろ，明治時代のはじまりに最も人口が多かった道府県は広島県でした。首都である東京よりも人口が多かったのです。その後，新潟県が最も人口が多い都道府県になりました。当時は海運や米がマネー（money）と同様の価値をもっており，つまりマネーの集まる所に人が集まっていたということの表れです。海運＝マネー，米＝マネーであったのです。

　同じように石炭が主要化石燃料だった頃，長崎の端島（通称軍艦島）が最も日本で人口密度が高く，最もテレビの普及率が高かった場所でした。

　この頃は石炭＝マネーだったのです。

　このようにお金と同等の価値を持っていたものは，時代の変化とともに必ず変わってゆきます。ゴールド＝マネーの時代もありました。

　このような価値の変化にともなって街や地域は栄枯盛衰の歴史を刻み，ゴーストタウンや廃墟を生み出してゆきます。軍艦島のような炭鉱町の廃墟化や瀬戸内海や東北の町の衰退を見てもよくわかります。

　では今は何にお金と人が集まっているのでしょう？　それは“情報”ではないでしょうか。つまり情報＝マネーなのです。またその情報手段も新聞やラジオからテレビに変わり，そして今はインターネットに情報の主役が移行しています。

　情報は地理や土地を持っていませんが，アメリカのシリコンバレーや，日本では東京といったIT企業が集まるところが栄えています。

　今は乗り物に乗っていても，旅館やホテルに泊まっていても，美しい風景や自然にせっかく出会ったとしても，その自然を五感で感じることなくずっとスマートフォンやパソコンのモニターを見て情報を必死に得ようとしている姿をよく見るようになりました。

　しかし今までがそうであったように情報＝マネーの時代もやがて別の何かに価値が変わってゆくでしょう。今は隆盛を誇っているIT産業もいつかは斜陽産業となる可能性は高いのではないでしょうか。その時，ようやく人は「あの時代はなんで美しい自然を感じることなく，情報を貪っていたのだろうか？」と，そう思える時代もやがてやってくるかもしれません。

　実体のない，形のない，手に触れることのできないものであるにも関わらず，なぜこんなにも振り回され翻弄され，そしてお金を払ってきたのだろうと。

　私はホモ・サピエンスが最後にお金以上のかけがえのない価値とするのが，まさしく“自然nature”になるのではないかと考えています。つまり自然が美しく豊かに残っていて，五感でそれを感じられる場所に最大の価値と評価が集まるのです。

　また自然と共にある暮らしが可能な場所にサピエンスが最後に今まで以上の価値を見出すことになるのではないでしょうか。

　情報＝マネーの時代が終わり，自然＝マネー（マネーでは測れない）の時代になった時，近代的な社会であるけれども自然の美しさと共にある生活を大切にするヒュッゲな暮らしはそのことを先取りしていたと評価されるように思います。

　日本はもともと美しい自然と景観を有する場所でした。そしてその美しい自然から様々な文化が生まれました。それはライトやレーモンドといった西洋人も高く評価し，自然と人との関係の理想を見出しました。

　問題は情報の時代の次に来る自然の時代が到来した時に，その美しく豊かな自然がはたして残っているのか，ということです。そして自然と共にある暮らし，自然を身近に感じる住環境のために必要な材料や職人技術が，もう手に入らない状態になっているのではないだろうか，ということも危惧しています。

　情報に翻弄されている時代にも，自然との暮らしが持続することを継続して考え，その実体を作ってゆかなければその心配は現実のものとなるでしょう。

　その時，私たちは何て勿体ない，愚かなことをしてしまったのかと取り返しのつかない深い後悔をすることになるのではないでしょうか。

　あるものを活かす。
　あるいはすでにあったものを修復する。

　それぞれの身近な住環境を考え，整え，世界が抱える大きな問題に一歩ずつ自分ごととして関係してゆくことに気付いていただければ，本書の役割を果たせたのではないかと思います。

索引

●配列は50音順です。なお，この索引は単語を機械的に網羅するものではなく，内容面に踏み込んで構成しています。挙げられている頁数以外にも言葉は出現していますので留意してください。

分担執筆者紹介

松隈　洋（まつくま・ひろし）

・執筆章→7・8・10

1957年	兵庫県に生まれる
1980年	京都大学工学部建築学科卒業，前川國男建築設計事務所入所
2000年	京都工芸繊維大学助教授
2008年	同教授，工学博士（東京大学）
2023年	神奈川大学建築学部教授，京都工芸繊維大学名誉教授，京都芸術大学非常勤講師

専門
近代建築史，建築設計論

主な著書
『未完の建築　前川國男論・戦後編』（みすず書房）2024年
『建築の前夜　前川國男論』2019年日本建築学会論文賞（みすず書房）2016年
『ル・コルビュジエから遠く離れて』（みすず書房）2016年
『モダニズム建築紀行』（六曜社）2016年
『近代建築を記憶する』（建築資料研究社）2005年
『坂倉準三とはだれか』（王国社）2011年
『建築家・坂倉準三「輝く都市」をめざして』（青幻舎）2021年
『残すべき建築』（誠文堂新光社）2013年
『ルイス・カーン』（丸善）1997年

代表・委員等
DOCOMOMO Japan 代表（2013年－2018年）
文化庁国立近現代建築資料館運営委員（2013年－2020年）

編著者紹介

©Tetsuya Ito

堀部　安嗣 （ほりべ・やすし）
・執筆章→ 1 ～ 6・9・11 ～ 15

1967年	神奈川県に生まれる
1990年	筑波大学芸術専門学群環境デザインコース卒業
1991年	益子アトリエにて益子義弘に師事
1994年	堀部安嗣建築設計事務所を設立
2007年	京都造形芸術大学（2020年4月より京都芸術大学に校名変更）大学院教授
2022年	放送大学教授

受賞歴

2002年	第18回吉岡賞「牛久のギャラリー」
2016年	日本建築学会賞（作品）「竹林寺納骨堂」
2021年	2020毎日デザイン賞

専門
建築計画，建築設計論

主な作品
「南の家」（1995年），「ある町医者の記念館」（1995年），「伊豆高原の家」（1998年），「KEYAKI GARDEN」（2008年），「イヴェールボスケ」（2012年），「阿佐ヶ谷の書庫」（2013年），「竹林寺納骨堂」（2013年），「鎌倉山集会所」（2015年），客船「ガンツウ」（2017年），「時の納屋」（2024年）

主な著書
『堀部安嗣の建築—form and imagination』（TOTO出版）2007年
『書庫を建てる』（共著／新潮社）2014年
『堀部安嗣作品集 1994-2014 全建築と設計図集』（平凡社）2015年
『堀部安嗣 建築を気持ちで考える』（TOTO出版）2017年
『堀部安嗣 小さな五角形の家 全図面と設計の現場』（学芸出版）2017年
『住まいの基本を考える』（新潮社）2019年
『ガンツウ｜guntû』（ミルグラフ）2019年
『堀部安嗣作品集Ⅱ 2012-2019 全建築と設計図集』（平凡社）2024年
『堀部安嗣作品集Ⅲ 2019-2024 全建築と設計図集』（平凡社）2024年

放送大学教材　1539701-1-2511（テレビ）

これからの住まいと建築

発　行　　2025 年 3 月 20 日　第 1 刷

編著者　　堀部安嗣

発行所　　一般財団法人　放送大学教育振興会

　　　　　〒 105-0001　東京都港区虎ノ門 1-14-1　郵政福祉琴平ビル

　　　　　電話　03（3502）2750

Printed in Japan　ISBN978-4-595-32525-0　C1352